西式民主怎么了

XISHI MINZHU ZENMELE

本书编写组 编

学习出版社

图书在版编目（CIP）数据

西式民主怎么了/《西式民主怎么了》编写组编. --北京：
学习出版社，2014.5

ISBN 978-7-5147-0467-9

Ⅰ．①西… Ⅱ．①西… Ⅲ．①民主－研究－西方国家
Ⅳ．①D082

中国版本图书馆CIP数据核字（2014）第097349号

西式民主怎么了

XISHI MINZHU ZENMELE

本书编写组 编

责任编辑：夏　静
技术编辑：贾　茹

出版发行：学习出版社
　　　　　北京市崇外大街11号新成文化大厦B座11层（100062）
　　　　　010-66063020　010-66061634　010-66061646
网　　址：http://www.xuexiph.cn
经　　销：新华书店
印　　刷：北京联兴盛业印刷股份有限公司

开　　本：710毫米×1000毫米　1/16
印　　张：17.5
字　　数：195千字
版次印次：2014年5月第1版　2014年10月第4次印刷

书　　号：ISBN 978-7-5147-0467-9
定　　价：40.00元

如有印装错误请与本社联系调换

前　言

近年来，一些移植西式民主的发展中国家陷入困境，导致政局动荡、社会混乱、经济凋敝。与此同时，国际金融危机之后的西方发达国家内部也出现对资本主义政治经济制度的信任危机。国内外学者围绕西式民主的困境进行深入研究，发表了一批文章。现将部分文章汇集成册，编辑出版，以供学习研究参考。

本书编写组
2014 年 5 月

目 录
CONTENTS

西方民主源流与资产阶级民主的实质

■ 尹汉宁

回顾西方民主发展历程，不难发现，在 2500 多年历史中，有 2300 多年西方的主流思想是排斥民主的，认为民主是个坏东西。近 100 多年来西方对民主态度大转变，甚至以民主为招牌，试图影响和引导世界，但此时他们兜售的"代议制"、"三权分立"等，与民主的本意已相去甚远。

雅典民主——原始状态和特定条件下的民主实践

"民主"这个词来自希腊文，它的原初含义，就是"人民的统治"，即由全体人民（而不是他们选出的代表）平等地、无差别地参与决策管理。这在西方民主思想产生和发展进程中，始终是一种良好的追求和愿望，而问题在于用什么样的方式实现"人民的统治"。

民主思想最早是随着雅典民主制度的确立、兴盛而孕育、发展起来的。雅典是如何实施"人民的统治"的呢？雅典的政治体制主要是三个机构。一是公民大会。公民大会不是由公民选举出来的代表组成的，而是全体公民都能参加的大会，一般要达到6000人（当时雅典公民约4万人，不包括4万左右外邦人和35万左右的奴隶），才是法定最低人数；公民大会可以对雅典事务的方方面面进行讨论和表决，包括战争、条约、外交、财政、法律、流放等事务，也包括宗教、喜庆、摆渡等议题；公民大会每年至少召开40次，每次的会期是5个小时。

二是公民大会的一个常设机构——五百人议事会。任何公民都有权经五百人议事会向公民大会提出建议与议案。除了节日和不吉利的日子外，议事会每天都要召开会议，每年至少有260天要开会。议事会的500位成员都是从雅典当时的10个部落抽签抽出来的，任期一年，每个公民一生最多可以担任两次议事会成员。

三是作为司法机构的民众法庭。当时没有专业法官，也没有专业律师，如果有人被指控犯了法，就由200多位公民组成的民众法庭进行审判，根据多数票断案。苏格拉底就是被陪审团认定有罪而被判处死刑的。

雅典民主延续了180多年，它诠释了民主最基本的一些理念，展现了人类对民主理想的追求：第一，实行直接民主，所有公民（当时的公民在雅典总人口中占少数）一律平等，当时绝大多数议事会成员和官员都不是选举出来的，而是采用抽签的方式产生的，公民直接参与的主要目的就是表达自己的意见。第二，民主的范围涉及所有的公共事务，虽然包括选举权，但更重要的是发言权、辩论权。第三，民主的目的在于维护城邦内全体公民的整体利益。

雅典民主在内容和形式上带有原生态特征，当然有它的局限性。首先，它是奴隶制城邦国家的治理形式，相对于6000人，还有35万奴隶，4万外邦人没有民主权利。也正因为奴隶制度比较完善，才有可能采取这种自由民广泛参与的直接民主，不然，6000人经常开会，没有35万奴隶干活，6000公民及其家庭根本就无法生活。其二，这种直接民主形式只适用于人数较少的城邦。当时雅典不是近代意义上的民族统一国家，面积最大时2000多平方公里，人口最多时50万人，而且当时的公共事务相对比较简单。其三，雅典民主十分重视意见表达，但采用简单多数的决断原则，有时会出现议而不决、议而难决的问题，有时会走极端。

雅典民主在当时就遭到那些著名思想家的批判。反民主的政治理论最早可追溯到苏格拉底，他根本不赞成雅典民主制度的权力集中在那些没有主见的"群氓"手中。苏格拉底的学生柏拉图也认为，只有哲学家才能充当统治者,普通民众没有能力也不适合管理国家。柏拉图的学生亚里士多德也认为民主是个坏东西，他也反对民众参与政治。历史学家修昔底德及后来的罗马共和国晚期最有影响的政治家、思想家西塞罗等都加入到批判雅典民主和民主政治的行列。

因此，在古希腊城邦制走向衰败后，古罗马在精英民主思想和少数富人的影响下，形成了以人身权利和财产权利为保障核心的罗马治理模式。古罗马共和国混合了君主制、贵族制、民主制，把国家权力分配给执政官、元老院以及公民大会掌握，元老院掌握着实权，其成员 300 人左右，实行终身制；两位执政官是政府首脑，由百人组会议选举并经元老院批准，任期一年，无薪俸报酬。民众会议由区会议、百人组会议、部族会议及平民会议组成，其作用有限，且为贵族所把持。罗马经历了王政、共和和帝国三个时期，在罗马共和国的治理模式中，古希腊雅典民主已被根本性改造，其内容和形式被大大地压缩和限制。

中世纪——黑暗中的民主思想火花

　　欧洲中世纪与古代文明相比较，被称为黑暗的时代，一是宗教愚昧的黑暗，二是王权专制的黑暗。在这个时代，民主的理论和实践被漠视，被压制，但也有一些民主的火花值得提及。从理论和思想层面讲，一是神学中"上帝面前人人平等"的平等思想引发人们追求平等权利。二是神学利用或借助人们对平等权利的追求而对抗王权。从实践层面看，欧洲的封建制度与中国有很大不同，首先，有历史学家认为，欧洲封建社会的特点是领主制经济，中国封建社会的特点是地主制经济。其次，中国封建社会君对臣有绝对权利，"君要臣死，臣不得不死"，臣对君具有完全的人身依附关系。而在西欧，从国王到封建领主、小贵族以至骑士，都将土地以服军役为主要条件，连同领地内的行政司法权以效忠仪式和双边契约的形式层层分封下去。契约关系的引入，使君主的绝对权利受到抑制，也使封臣对超出契约规定之外的义务，可以拒绝并由此解除依附关系。第三，在领主制经济背景下的封建庄园，奴隶、仆从地位低下，对他们，庄园主几乎拥有生杀予夺之权，奴隶仆从不堪忍受，有的跑到河流两岸的城邦，企望成为自由民，客观上推动了城市的兴起。西欧大范围内的城市兴起带来了两个变化，一是推动商品生产和交换；二是通过政治和军事手段，推动了城市的自治，英国多为自治城市，法国多称城市公社，意大利不少为城市共和国。第四，约翰王被迫签署的英格兰《大宪章》（1215年），使契约性的封臣关系、商讨性的封臣会议，用法律形式固定下来了。这些作法对后来的西方政治生活产生很大影响。

人民主权论——民主理想与现实困境

雅典民主湮灭以后，民主似乎已被人淡忘。但是，人民并没有放弃对民主的追求和抗争，在火热的现实斗争面前，思想家们没有停止对民主的思考。从文艺复兴到资产阶级大革命时期，逐步形成了人民主权理论。

文艺复兴运动兴起时的意大利最著名的市民阶级政治思想家马西利乌斯，努力使政治思想摆脱神学束缚，最早提出人民权利问题。16世纪开始的宗教改革运动，锋芒直指封建制度的精神支柱——教会，其反暴君理论成为近代人民主权理论的先声。

人民主权理论的理论支柱包括主权论、契约论和权力合法论。16世纪法国政治思想家布丹最先提出"主权"概念及主权至上论，随后得到格劳修斯、霍布斯等人的响应，但他们的主权论都是强调"主权在君"。荷兰的斯宾诺莎开始从"主权在君"到"主权在民"的过渡，他认为人民在订立契约时对国家只让渡了部分权利。法国的洛克从"议会主权"论入手,确立了"主权在民"的思想。最终,由卢梭的《社会契约论》将人民主权论定格。他认为人民的个人权利是与生俱来、不可转让、不可分割、不可代表的,国家由人民订立契约而形成,国家主权必须体现人民的"公意",即全体人民的共同意志,反映社会共同体中人们的公共利益。

但是,"公意"如何得到体现呢?卢梭所设想的实现方式,或者说他心目中最好的民主政体,是雅典城邦那样的直接民主制。但是,卢梭所设想的小国寡民、以道德保证为条件的直接民主,在现实中很难做到。所以,他在《社会契约论》中也说道,真正的民主制(即直接民主制)从来就不曾有过,而且永远不会有。多数人统治而少数人被统治,那是违反自然秩序的。因此,虽然卢梭的人民主权理论特别是对于"公意"的重视,彰显了民主理想,但其对人民参与政治和国家管理的设想或主张,缺乏操作性。

代议制民主——民主的异化

当今世界,资本主义国家把"民主"的调门唱得很高,并且试图以此改造、控制世界。实际上,以代议制和"三权分立"为特征的资产阶级政治制度定型之前,在西方国家,民主一直受到质疑和批判,他们所宣扬的"代议制"、"三权分立",与民主的本质已相去甚远。卢梭的人民主权思想只不过是西方民主理论的另类。

当资产阶级登上西方世界政治舞台的时候,欧洲特别是西欧民族统一国家的形态已经比较稳定了,资产阶级最初打出旗号是"自由、平等、博爱",而其主流思想还是将民主看作坏东西。但与此同时,人民大众对民主的要求却日益高涨。如 19 世纪英国的宪章运动,法国的大革命,以及在意大利、奥地利等地相继爆发民众革命。一些资产阶级思想家开始意识到民主潮流已无法阻挡,为了尽可能维护自己的利益,他们不得不打出民主的旗号,但在"民主"前加了一些限定修饰词,如"代议民主"、"精英民主"、"多元民主"、"宪政民主"、"程序民主"等等,并刻意忽略民主的本质属性。正如王绍光在《民主四讲》一书中所说的:"当典籍充斥着对民主诅咒的时候,'民主'一词前面很少出现修饰词。一旦有产者和他们的代言人开始拥抱民主时,民主的本质没人谈了,大家谈的都是带修饰词的民主,而且修饰词比'民主'来得更重要。"[①] 这样,此"民主"已非彼"民主",民主走样了,异化了。

18 世纪以前,从未有人把"代表"与"民主"连在一起,美国国父之一的汉密尔顿首先使用了"代议民主"这个词,从此"民主"一词被赋予了全新的含义,即政府的正当性可以通过选举自己的"代表"来实现,而不必体现在民众直接管理。熊彼特把民主定义为"一些个人通过竞争人民选票来获得(公共)决策权的制度安排"[②],"民主"完成了"人民的统治"向"人民选择统治者"的转型,"人民"变成了"选民","民主"变成了"选主",民意的表达仅在于选出人来作主。在过去几十

---

① 王绍光:《民主四讲》,北京三联书店 2008 年版,第 33 页。

② 约瑟夫·熊彼特:《资本主义、社会主义与民主》,商务印书馆 1999 年版,第 395—396 页。

年里，经过熊彼特改造的民主定义被西方主流及受其影响的非西方知识精英奉为圭臬。正如卢梭批判英国代议制所说的："英国人民自以为是自由的，他们是大错特错了。他们只有在选举国会议员期间是自由的，议员一旦选出之后，他们就是奴隶，他们就等于零了。"① 在"民主"变成"选主"以后，在几个世纪内，无论支持者还是反对者，其注意力都集中在投票权的扩展上，一直到全面实现普选，其间不知经历了多少血与火的斗争。是否实行普选也成为衡量是不是民主政府的唯一标准。列宁曾一针见血地指出："每隔几年决定一次究竟由统治阶级中的什么样人在议会里镇压人民、压迫人民——这就是资产阶级议会制的真正本质，不仅在议会制的立宪国内是这样，在其中最民主的共和国内也是这样。"②

在很长的历史时间里，西方统治者以及代表统治者利益的知识精英们，通常把民主看作"坏东西"。而到了近现代，经过彻底改造以后的"民主"，经过"自由"、"宪政"、"代议"、"选举"等一道道紧箍咒锁定以后的"民主"，已从难以驾驭的烈马变成了温驯的绵羊，穷人已没办法摆弄它，而富人们不但不再害怕，而且成了可以为他们装点门面、可以为他们支撑话语强权、可以玩弄于手掌的宝贝。于是乎，这样的"民主"，就变成了理想状态的、一厢情愿的"历史终结"。

---

① 卢梭：《社会契约论》，商务印书馆 2003 年版，第 120—121 页。
② 《列宁全集》第 31 卷，人民出版社 1985 年版，第 43 页。

美国政治——金钱穿上了民主的外衣

美国独立战争(1775—1783年)刚刚结束,美国便遭遇了一场"谢司起义"(1786—1787年),这引起了当时美国政界的恐慌,他们把所有的动荡都算在民主的账上,迫不及待地以法律和正义的名义熄灭民主之火。在此背景下,1787年,由包括汉密尔顿、麦迪逊、莫里斯、梅森、格里、伦道夫等所谓"国父"在内的55位政治精英召开的制宪会议,成为对民主的声讨会,他们把"民主"这个词与"动荡"、"愚蠢"、"过分"、"危险"、"罪恶"、"暴政"等连在一起。最后,他们起草的那份"文件",只有39人签署,13个州总共不到2000人投票通过,便成为这个新国家的宪法。最近,国内有出版社出版了一部讲述美国制宪过程的书,认为,从立宪内容与民主的关系来看,美国费城制宪是反民主的奇迹。

既然美国的国父们对民主很反感,他们当然不愿建立一个由众议院主导(或民意主导)的政体,而是通过各种制度设计来削弱众议院的权力。一是分割立法权,设立上议院(参议院),由最具有身份、地位与财富的"高贵人士"组成。二是赋予总统"帝国般的权力",使他的政治地位高于议会,有人把美国总统看成是选出来的君主。三是赋予具有贵族色彩且不受民意影响的最高法院可以宣布立法无效。因此,人们天真地以为美国的两院制、三权分立是民主的象征,谁知道这种设计的本意正是为限制民主。他们的目的是使少数人的财产权得到保护,而且通过宪法使之长期得到保护。于是,那些财大气粗的显赫家族稳稳地掌控着国家权力,从亚当斯、汉密尔顿、哈里逊到罗斯福，再到肯尼迪、洛克菲勒等等家族都曾风云一时。

如今，美国选举已经成为"钱举"。2010年1月，美国联邦最高法院通过了一项取消政治献金限制的法律规定，金钱的巨大力量使美国选举的公正性荡然无存。2012年美国总统选举，两党候选人奥巴马、罗姆尼千方百计讨好富人，以为大选筹款，结果总体花费达60亿美元，成为美国"史上最烧钱的大选"。2011年5月，诺贝尔经济学将得主斯蒂格利茨在《名利场》杂志上发表题为《1%所有，1%统治，1%享用》的文章，指出美国1%的人每年拿走1／4的国民收入，控制了40%的财富，所有美国参议员和大多数众议员赴任时都属于1%者的跟班，靠1%的钱留任，他们明白如果把这1%者服侍好，则能在卸任时得到犒赏。"钱权模式"导致总统大选后权力向金钱倾斜，如在小布什政府大选筹款中贡献最大的"先锋"俱乐部，竟有43人被任命要职，其中2位担任政府部长、19位出任欧洲各国大使。而小布什政府之所以在2001年宣布退出《京都议定书》，最重要的原因就是从中受益的石油和天然气等行业的大公司都是布什竞选时的主要赞助者。美国最大的两家住房抵押贷款机构房利美、房地美的问题在20年前就被发现，但由于他们花费大量资金游说而被放纵，致使监管上的问题越来越严重，最终成为催生世界金融危机的重大拐点。"钱权"模式使得富人们彻底控制了美国，也绑架了世界。[1]

更糟糕的是，以美国为首的西方资本主义国家在全世界到处推销变质的民主，结果呢？因选举民主而导致分裂、战争等并不少见。选举竞争简单地依靠选票，以政客和政治投机为主导，以选票裁决

---

[1] 参见朱维东：《美国式民主不是世界的标杆》，《党建》2012年第11期。

的方式导致对社会大众利益的漠视和社会弱势群体的排斥，以社会停滞和混乱为代价，以控制资源为目的，导致这些国家和地区矛盾激化。采用西方政治制度之后民主政体的品质普遍不佳，正如张维为指出的："西方一些国家现在把本应该是内容丰富、文化深厚、操作精致的民主大大简化，连经济发展、教育水平、法治社会、公民文化这些优质民主的基本要素都变成了可有可无的东西，唯有一人一票的'程序民主'才代表真正的民主，结果导致第三世界的劣质民主层出不穷；贪官污吏通过贿选当政易如反掌，大批政客只知道争名夺利，永远以民主的名义，行使民粹民主、部落主义和黑金政治之实，他们的国家也因此频频陷于动荡甚至战乱之中，经济凋敝，民不聊生。"[1] 其实，毛泽东早在 1940 年就一针见血地批判过这种假民主："像现在的英、法、美等国，所谓宪政，所谓民主政治，实际上都是吃人政治。这样的情形，在中美洲、南美洲，我们也可以看到，许多国家都挂起了共和国的招牌，实际上却是一点民主也没有。"[2]

协商民主——对西方民主的反思

西方民主日益偏离民主的本质，引起一些有识之士的反思。当代西方对代议制民主进行反思和矫正比较有影响的理论主要有两种，一是参与民主论，二是与参与民主相联系或受影响的协商民主论。参与民主理论重新认识参与对于民主的价值，认为参与的主体是普

---

[1] 张维为：《中国触动》，上海人民出版社 2012 年版，第 105 页。
[2] 《毛泽东选集》第二卷，人民出版社 1995 年版，第 736 页。

通民众，每个公民的政治权利是平等的；参与的客体是影响参与主体利益的政府决策或公共生活，将民主参与扩展到社会的各个领域；承认参与是公民完善自我、发展自我的必需途径，参与具有教育功能。其实，参与民主的最终归宿就是协商民主，因为协商民主正是着眼于"改善政治参与的性质和形式，而不只是增加政治参与的机会"。[①]西方学者对协商民主作了很多有益的探讨，一般"把协商民主理解成一种民主的决策体制或理性的决策形式，在这种体制中，每个公民都能够平等地参与公共政策的制定过程，自由地表达意见，愿意倾听并考虑不同的观点，在理性的讨论和协商中作出具有集体约束力的决策。"[②]

但是，不少学者认为在西方资本主义国家现有的体制框架内不可能实现协商民主。其原因不仅仅在于长期实施选举民主的制度依赖，而主要在于缺乏一个能够超越利益之争的政党，缺乏一个站在公正立场上主持协商讨论的领导者。

对西方民主的几点结论

第一，西方国家现在所宣扬的民主，与民主的本质和本来意义相去甚远。西方主流思想在长时间内对民主是持批判态度的，以美国为代表的西方国家向发展中国家兜售的民主政治，其民主是被改造了的，民主在这里更多的是标签，是政治技巧。

---

① 赫尔德：《民主的模式》，中央编译出版社1998年版，第266页。

② 孙永芬：《西方民主理论史纲》，人民出版社2008年版，第277页。

第二，古代雅典民主在随后的国家状态中，特别是在近现代西欧民族统一国家中，不具有推广价值和操作性，就是在中国人民民主制度条件下，也难以照搬。

第三，从古代雅典到中世纪的西欧，再到当代的西方世界，协商讨论式的民主始终是民主的内在要求，但在资产阶级利益主导下的政治架构中，协商民主难以被重视，也难以在政治活动中发挥重要作用。

第四，我们现在所使用的政治概念，不少来自于西方。无疑，我们要借鉴人类文明所创造的有益成果，要运用中外融通的概念和话语进行国际交流，但是我们必须搞清楚西方政治概念的由来及内含，不能盲目地妄自菲薄，简单地照搬照套。

第五，在分清性质和内容的前提下，对西方国家的有些治理形式，他们对公权力制约的有些做法和某些社会管理方式等，也要认真研究，为我所用。

（《红旗文稿》2013年第18期）

国际金融危机把西方民主制
推下圣坛、打回原形

■ 徐崇温

自由、平等、民主、人权是人类共同的价值追求和理想，也是人类在追求文明进步中所创造的伟大成果。但是，不同的阶级，处在不同社会地位上的人，他们对于自由、平等、民主、人权的理解和要求又是各不相同的；不同的国家，处在不同的历史发展阶段上，其自由、平等、民主、人权的实现形式和途径也是各不相同的。因此，世界上没有什么可以放诸四海而皆准、适用于一切民族和国家的普世的民主形式和制度体制。

以美国为首的当代西方国家的自由、平等、民主、人权理论，是对 18 世纪西方资产阶级自由、平等、博爱理论的继承和发展，它实质上是资本主义商品经济中自由贸易、等价交换原则在政治领域中的表现和反映。这种理论以及在它的指导下形成的制度、体制，在反对和摆脱封建王权与神权的束缚，争取政治上的自由、平等、民主、人权和巩固新生的资本主义制度的斗争中，具有重大的进步意义和积极作用，但它又具有反映资产阶级狭隘私利的极大的阶级局限性。

然而，自从资产阶级成为西方社会的统治阶级以后，就开始给它的自由、平等、民主、人权理论和制度涂上一层又一层的灵光圈，把它供奉到神坛上，让人们对它顶礼膜拜。美国成为超级大国、夺取世界霸权以后，无论在国内还是在国际上，更把西方资产阶级的这种自由、平等、民主、人权的造神运动，把西方资产阶级制造的这种民主迷信，推进到登峰造极、无以复加的地步。

然而，在2008年以后由美国次贷危机发展形成的世界金融危机中，由于西方世界的经济普遍地陷入衰退，与被他们排除在民主政体之外的社会主义中国的快速崛起形成鲜明的对比，这就从根本上抽掉了西方资产阶级这种造神运动的物质基础，把被它们神化了的自由、平等、民主、人权从神坛上推下来，打回了原形。

2013年3月21日，美国外交学会研究员乔舒亚·柯兰齐克在美国《大西洋》月刊网站上发表的《为什么"中国模式"不会消失》一文中，曾经提到过这个过程："2008年和2009年的全球经济危机重创了几乎每一个主要民主国家的经济，而在经济低迷时期，中国却几乎毫发未损，中国经济在2009年增长了近9%（实为9.1%——引者，下同），而日本经济则萎缩了超过5%（实为-6.2%），美国经济收缩了2.6%"，"经济衰退过后，危机使许多西方国家领导人……不仅质疑自己的经济制度，而且怀疑自己的政治制度实际上包含严重的，而且无法修复的缺陷。"

于是，这场危机就在无意中成了对世界各国社会制度优胜劣败的试金石。在危机爆发之初，许多西方学者都认为，美国和西方将率先复苏，依靠国际市场的中国随后才能好转。然而，事情的发展却是：中国不仅第一个复苏，而且还拉动世界各国走出危机，如果说在2007年，中国对世界经济增长的贡献率为19.2%的话，那么，到了2009年，中国对世界经济增长的贡献率已经达到50%。世界上许多人都在说，看看美国，他们的金融发生了大崩溃，他们不能控制市场的无节制，为此而付出了沉重的代价，而中国的平均增速却有9%，甚至10%，盖过了别国。国际金融危机的性质和美国政府的对策，既使西方人对西式的自由民主制丧失了自信，也破坏了世界公众对于自诩具有普世意义的西方民主唯一合法性的认识，使人们摆脱了对它的非理性的顶礼膜拜，认识到只要符合一国的文化和历史，非西方的政治治理模式同样是可以获得成功的，柏林墙倒塌后所谓获得永久性胜利的西方成熟的自由民主资本主义模式再也不是唯一的意识形态目标了。

那么，西方的自由、平等、民主、人权，是怎样被推下神坛、打回原形的呢？

输出民主是美国干涉别国内政，推行新殖民主义的战略

首先被推下神坛、打回原形的，当数美国的输出民主战略。和其他西方发达资本主义国家一样，美国信奉的也是西方的自由、平等、民主、人权，但又和其他西方国家有所不同，美国特别热衷于把其民主的价值观和政治制度输出到别国，推广到普天之下，当作上帝

赋予自己的历史使命。还在第一次世界大战的时候，美国总统威尔逊就说过，民主是一个重要的指导原则，它代表着一种全新的国内秩序，由此当然也能普及于国际秩序。新的自由民主将是美国的重要输出品之一，要确保民主在全世界通行无阻。在第二次世界大战后，美国从1946年起正式在其他国家促进西方民主的发展，在60多年的时间里，为此而开支的总额达数百亿美元。特别是"冷战"结束以后，从老布什政府到克林顿政府，从小布什政府到奥巴马政府，美国更把传播民主、输出民主当作美国对外政策的"基石"、"最优先议程"、国家战略的重要内容和中心。在从"冷战"向"后冷战"过渡的时期，老布什就把在国外"促进自由民主的政治体制的发展"，当作"人权和经济与社会发展项目的最可靠保障"；克林顿则认为，在1977年时，卡特政府的人权政策是以个人为目的的，在"冷战"结束以后，则应从民主这个更基本的层面上去促进人权。为此，他把提高美国安全、发展美国经济和在国外促进民主，作为美国国家安全的三大目标，进一步明确地把在国外促进民主上升到国家安全战略的高度；小布什在2003年2月的一次讲话中说："推广民主的价值观明显地符合世界利益，因为稳定、自由的国家不会培养出谋杀的意识形态，它鼓励人们以和平的方式追求幸福的生活。"过了两年，他又在其第二任期的就职演说中说，"我们受常识的指引和历史的教诲，得出如下结论：自由是否能在我们的土地上存在，正日益依赖于自由在别国的胜利，对和平的热切期望只能源于自由在世界上的扩展"，"有鉴于此，美国的政策是寻求并支持世界各国和各种文化背景下成长的民主运动，寻求并支持民主的制度化，最终目标是终结人世间的任何极权制度"。据此，2006年4月的《美国国家安全战略报告》指出，

"必须在全球范围里采取有效措施扩展自由、民主"；奥巴马继续了这项推广和输出民主的事业，仅仅为在俄罗斯发展西方的民主和人权就拨款两亿美元。正是在这种输出民主的战略思想的指导下，美国用和平演变促成东欧剧变、苏联解体，对南联盟狂轰滥炸，在中东推行"大中东民主计划"，在东欧、中亚推行"颜色革命"，在西亚、北非推行"茉莉花革命"，在东亚、东南亚有针对性地搞民主人权渗透等。

美国推行输出民主战略的一个重要的理论支柱，是所谓的"民主和平论"。这种理论认为，自由民主国家之间很少表现出相互不信任或对相互占领感兴趣，它们遵循共同的普遍平等和权利的原则，不存在相互质疑合法性的基础。自由民主的非战特性不仅源于它压抑了人的攻击和暴力的本性，而且源于它从根本上改变了人的本性，泯灭了帝国主义的冲动。美籍日裔社会学家弗朗西斯·福山在《历史的终结和最后的人》一书中也鼓吹"建立在共和制原则之上的国家相互之间不太容易交战"，有的人更据此鼓吹把推广西方的自由民主制度奉为维护世界和平的前提和保证。

然而，这种"民主和平论"即使在西方国家也遭到人们的广泛批评。例如，发表在2003年9月10日美国《国家利益》周刊网站上的《信仰疗法》一文，就强调指出，自古以来，民主国家之间从不打仗，不是因为它们有着类似的政治体制，而是因为它们有着共同的利益，假如爆发了武装冲突，这些共同利益就会遭到致命的危害；美国外交学会会长里查德·哈斯在《自由不是一种原则》一文中说，民主国家并不总是和平的，不成熟的民主国家因为在选举中缺乏真正的民主所应有的许多制衡机制，特别容易受制于民众的情绪，这种国家会走向战争，如苏联解体东欧剧变后的塞尔维亚；英国历史学家埃里克·J.霍布斯鲍姆则在《传播民主》和《输出民主的危险》两文中指出，强行输出民主去改造世界，会造成我们时代的野蛮性。20世纪的发展历程证明，一个国家是无法改造世界或简化历史进程的，它也不可能通过越境向国外输出制度和机构，从而轻而易举地实现他国的社会变革。

再从输出民主的实施情况来看。由于任何国家的民主体制的形成，都是在自己本土上生长和发展起来的，具有自己独特的历史条件和民族特性，并不具有什么普世性，因而它虽可供别国借鉴参考，却又具有在别国不可照抄照搬的不可复制性和不可移植性。以美国为首的西方的自由、平等、民主、人权为例，仅在物质财富基础的一个方面来说，它就是建立在西方资产阶级500年来掠夺和攫取殖民地居民及其财富的基础上的，其中包括3000万印第安人遭到种族灭绝，5000万黑奴作为无偿劳动力被贩卖到美洲，以及西方发达资本主义国家在全球化的生产和分配格局中，盘剥第三世界国家而攫取的利润等。撇开这个物质财富基础而把西方的自由、平等、民主、人权那一套强制输出和推广到历史和民族条件全然不同的别的国家去，又怎么能够行得通呢？实际上，所有照抄照搬西方民主制度的第三世界国家基本上都没有获得成功。移植西方民主所带来的，绝不是他们原先期盼的经济发展、政治稳定和社会进步，而只能是政党林立、政局动荡、社会分裂和经济倒退：俄罗斯在苏联解体后照搬西方民主，结果陷入了经济衰退、政局混乱、内外交困的境地，只是让戈尔巴乔夫获得西方颁发的一枚"和平奖"；中亚地区的"颜色革命"所带来的，是那里经济社会的巨大倒退，例如乌克兰，在"橙色革命"前，经济以 5% 的速度恢复增长，而在"革命"后的 2009 年，经济萎缩了 15%；美国输出民主的伊拉克战争，吞噬了那里 10 多万人的生命，使 100 多万人无家可归，也使美国消耗军费近万亿美元，近 4500 名美军士兵阵亡，3 万多美军士兵受伤；而在非洲，移植的西方民主的多党制引发了非洲部族之间的相互仇杀、生灵涂炭。如几内亚比绍在 1994 年实行多党制选举以后，政治对手之间相互仇杀，导致军事暴动、政治冲突不断；2012 年 4 月又发生叛军解散政府、逮捕总统的政变；2007 年 12 月肯尼亚总统选举时，执政党和反对党之间的暴力冲突，导致几千人死亡和 35 万人无家可归。

所有这些都说明：美国的输出民主战略及其理论支柱"民主和平论"，从历史事实看，是站不住脚的；从理论上看，是错误的；从法律上看，是违反《联合国宪章》和现行国际法中有关国家主权和不干涉内政的一系列明确规定的；从政治上看，则是与维护世界和平、促进共同发展的时代潮流背道而驰的。事实说明，在经济全球化、政治格局多极化的历史条件下，只有尊重世界的多样性，才能保证各国和睦相处、相互尊重。一个国家的经济、政治制度，归根到底要由该国的人民根据自己的需要来选择或改变，而不是由别国去越俎代庖。一个和平相处、共同发展的世界，只能是一个各种文明相互融会、相互借鉴，所有国家平等相待、彼此尊重的世界。

美国的输出民主战略，绝不是什么保证世界和平的战略，而完全是一种干涉别国内政，推行新殖民主义的战略。

竞争性选举导致金钱民主、短视民主、政党恶斗乃至国家机器瘫痪

在国际金融危机中，不仅美国的输出民主战略，就连西方民主本身，也被推下神坛、打回原形。

什么是民主？它的实质是什么？对此，西方世界历来是从程序至上的角度来加以界定的。美国著名的政治学家塞缪尔·亨廷顿在《第三波——20世纪后期民主化浪潮》一书中，开宗明义地写道："用普选的方式产生最高决策者是民主的实质"，"民主化过程的关键就是用在自由、公开和公平的选举中产生的政府来取代那些不是通过这种方法产生的政府"。接着，他又进一步阐释说："公开、自由和公平的选举是民主的实质，而且是不可或缺的必要条件。由选举产生的政府也许效率低下、腐败、短视、不负责任或被少数人的特殊利益所操纵，而且不能采纳公众所要求的政策。这些也许使得这种政府不可取，但并不能使得这种政府不民主。"应该说，亨廷顿的这个民主定义，极其生动地勾画出了西方民主为了程序不惜牺牲内容和实质的特色：只要是选举产生出来的政府，那么，即使是效率低下、腐败、短视、不负责任、被少数人的特殊利益所操纵、不采纳公众所要求的政策，它终归还是民主的。而这也恰恰就是西方民主的病根所在。

首先，竞争性选举使西方民主沦为一种金钱民主。

美国在1907年的《蒂尔曼法案》中，曾禁止公司对联邦层次政治竞选参与者的直接金钱捐助；1939年的《哈奇法案》又限制政

党组织用于选举的开销(每年 300 万美元)和民众付出的政治捐款(每年 5000 美元),以弱化特殊利益集团和富人对选举的影响力。但一种起到间接助选的"白手套"作用,叫作"政治行动委员会"的组织的抬头,却冲毁了上述两部法律建立起来的堤坝。于是,美国国会又出台了 1943 年的《史密斯—康纳利法案》和 1947 年的《塔夫脱—哈特利法案》,把禁止政治捐款的范围从公司扩展到代表工会利益的政治行动委员会组织,但这却引发了被指控为违背《联邦宪法》第一修正案中关于"政治言论自由"内容的违宪诉讼。由于联邦法院对此持暧昧态度,以致未能有效限制政治行动委员会的急剧蔓延与扩展。2010 年 1 月 21 日,美国联邦法院在"公民联盟诉联盟选举委员会"一案的裁决中,更打开了超级政治行动委员会的"潘多拉魔盒":这项裁决认为,竞选捐款属于言论自由,受宪法保护,美国企业可以不受限制地投入竞选资金。时任美国联邦选举委员会主席的辛西娅·鲍尔利就此解释道:"(联邦法院)裁决推翻了一项对企业的限制;在此之前企业不能够为某一个候选人独立地、积极地开展竞选活动。"此后,企业、利益集团、大富翁们可以利用自己拥有的资金来影响选举,可以任意地花费数量不限的资金,捐给超级政治行动委员会,这种超级政治行动委员会只要承诺不与候选人的竞选团队存在任何联系,就可以无限制地筹集和使用捐款,而不必透露捐款人的身份。从那以后,实际上就再也没有任何障碍会阻止大量资本不断流向为富豪利益服务的政客们的竞选和竞选连任活动了。所以,美国共和党参议员、2008 年大选时奥巴马的竞选对手约翰·麦凯恩指责这个裁决是一种有可能侵害到正在金钱和商业利益中沉没的民主政治的最大祸害。

这样，美国的选举民主就成为一种越来越昂贵的金钱游戏：1860年，林肯被选为第16届美国总统时，选举费用为10万美元；1952年，艾森豪威尔竞选总统时，民主、共和两党共花了1100万美元；但根据美国联邦选举委员会的数据，在2000年的选举中，各超级政治行动委员会共捐献了1.147亿美元，2004年增至1.924亿美元，2008年超过12亿美元，2012年大选时奥巴马和民主党人、罗姆尼和共和党人的筹款金额都突破了10亿美元，而大选总共耗费约60亿美元。在这种情况下，美国的选举民主就沦为由金钱扮演主角的、竞选人之间的烧钱比赛和隐藏其后大行其道的权钱交易，让本来就受金钱影响的美国选举更被金钱所牢牢控制，使美国的民主政治更受选举中出资人的摆布，共和党人总统里根、老布什、小布什都在不同程度上接受了石油等能源公司的巨额捐助。于是，作为回报，里根就在任内推动了取消石油、汽油的价格管制；而布什父子则通过发动两场伊拉克战争，把石油储量占世界第五的伊拉克牢牢控制在手。民主党方面，克林顿接受了更多信息科技产业的财政支持，上任后就积极推动信息高速公路计划，吹响美国"新经济"的号角；而奥巴马之所以在金融危机之后对"银行匪徒"太过仁慈，则是因为大型金融集团曾为他的竞选活动慷慨解囊。为此，哈佛大学教授劳伦斯·莱西格在《迷失的共和国》一书中尖锐地指出，大笔竞选捐款赋予了少数人以阻挠多数人的意愿和利益以及不履行竞选承诺的机会。危险并不是阴险的大资本家和可收买的政治家的密谋，更多的是美国政治在腐化正派的男女，有意地而且合法地使他们一步步陷入对有组织的利益集团的依赖之中。这种"依赖性腐化"不是建立在直接行贿的基础上，甚至不是可疑的高昂演讲酬劳或豪华酒店的邀请，而更多的是使院外活动集团成员轻松当选在政治决策程序中起至关重要作用的议员。此外，美国的政治民主受竞选中出资人摆布的这种情况，又让美国前总统卡特感慨万分，他说："乔治·华盛顿和托马斯·杰弗逊要是活到今天，还能当上美国总统吗?! 我们永远也不知道，有多少具备优秀总统潜质的人，就因为不愿意或者不能够采取一种能够募集到大量竞选经费的政策，而永远与总统宝座无缘。"

其次，竞争性选举使西方民主沦为一种短视民主。

在西方的竞争性选举中，由于政党是特定利益群体的代表，它们的目的是赢得选举的胜利和维护自己政党的利益，参选的政客们更将选举胜利这种狭隘的利益看得高于国家长远利益，他们所关心的不是削减赤字，提升经济竞争力，他们的眼光最远也就是停在下一次选举计票上，至于由全球化所产生的诸如生态环境保护、民族国家主权让渡、全球治理等新课题，更不在其视野之内。他们即使能够上台执政，这些领导人也因任期限制，只顾眼前，拘泥于任期内的政绩，缺乏战略远见、政治胸怀和执政魄力，没有动力去关心涉及国家长远发展的大事，不愿也不敢在国家治理上放手去做；而政客们为了拉到选票，则竞相讨好选民，开出各种各样的福利支票，耗尽了国库，当前美欧各国的债务危机、财政危机在一定意义上就是由此形成，并如滚雪球般地越滚越大的。这种短视民主还在一定程度上促成了一种"活在当下、立刻消费"的文化氛围，它背离了西方资产阶级在工业化、海外扩张、大规模战争的"辉煌时期"那种面向未来的精神，从而给西方社会尔后的生存和发展埋下了种种危机。

再次，竞争性选举还导致政党恶斗而使政府效率低下，甚至使政治机器陷于瘫痪。

在国际金融危机使西方社会更加分化对立、利益冲突更加尖锐激烈的情况下，竞争性选举使党争日益流于极端主义、绝对主义和否定主义，频频出现政党利益、个体利益绑架国家利益的现象。政府效率低下，是由此导致的恶果中影响较轻的一种。例如，在国际金融危机期间，为刺激经济增长、改善老旧不堪的国家道路体系，英国政府打算筹建高速铁路，但因有些地方民众和反对党的极力阻挠，一直久拖不决，最后达到的结果是：高铁要在2017年才能动工，2027年完成第一阶段，2032年完成第二阶段；机场建设也是如此，英国希思罗机场T5航站楼的建设，用了整整20年，5倍于北京首都机场T3航站楼从设计到建成所用4年的时间。政党和个体利益绑架国家利益影响较大的一例，是在国际金融危机高峰到来时，美国政府出台了7000亿美元的援助计划，却被当成了党争的好机会，以及立法与行政部门之间讨价还价的大舞台。由于有国会议员和一些经济学家的反对和阻挠，时任美国财长的保尔森情急之下竟然上演了向时任美国众议院女议长佩洛西下跪的闹剧，但在此后的第一轮投票中仍旧遭到了否决。政党和个体利益绑架国家利益影响更大的一例，是美国民主、共和两党就提高债务上限所反复展开的拉锯战：美国的国债在2011年下半年达到所谓的"法定峰值"，是否继续举债需要由立法决定。奥巴马政府和民主党为刺激经济增长、推动政府施政，要求提高债务上限，同时增加税收，改善财政状况；共和党则要求政府先削减公共开支、降低福利，同时坚持继续减税，否则反对继续举债。围绕这个问题，美国民主和共和两党缠斗数月，使美国陷入了第二次世界大战以来最严重的党争；在这个问题因两党最终的妥协获得暂时的解决后，两党又在2012年年末因面临由减税及公债剧增而堆砌起来的2013年1月1日到期的"财政悬崖"而继续博弈缠斗。

西方民主因竞争性选举而一再陷入的这种政党恶斗、政治机器瘫痪的"制度困境"，促使弗朗西斯·福山在其《政治秩序的起源》一书中提出问题说：美国是否从一个民主政体变成了一个"否决政体"——从一种旨在防止当政者集中过多权力的制度变成一个谁也无法集中足够权力作出重要决定的制度？福山说，美国人在思考政府问题时，想的是要制约政府，限制其权力范围。可是我们忘了，成立政府也是为了要发挥作用和作出决断。这在联邦政府层面上正在丧失。像我们这样嵌入诸多制衡机制的制度，应有——实际上也需要——两党在重大问题上保持最低限度的合作，尽管双方在意识形态方面存在分歧。不幸的是，"冷战"结束以后，诸多因素的共同作用正在导致我们整个体制陷于瘫痪。他说，美国的特殊利益集团队伍比以往更庞大、更易动员、更富有，而执行多数人意志的机制却更乏力。这样的后果是要么立法瘫痪，要么就是小题大做，胡乱达成妥协方案。福山据此提出建议说，要摆脱我们当前的瘫痪状态，我们不仅需要强有力的领导，而且需要改革体制规则。正是在这种情况下，美国前国家安全事务助理兹比格涅夫·布热津斯基对西方的民主政治提出质问说："今天的问题是，在失控和可能仅为少数人自私地谋取好处的金融体系下，民主是否还能繁荣，这还真是个问题。"

最后，与中国特色社会主义民主进行对比，更凸显出竞争性选举是西方民主深陷"制度性困境"的重要成因。

中国特色社会主义民主是人类历史上先进的社会主义性质的民主，是中国人民创造的适合中国国情的民主。第一，西方民主把形式上承认公民都享有平等的民主权利这一尺度，应用于在生产资料占有关系上存在差别和对立的人们的身上，造成实际上的不平等和金钱民主，与此不同，中国特色社会主义民主从实质上把民主界定为以人民群众当家作主为核心，因而坚持以最广大的人民群众为本。在这里，人们在富裕程度上的差别并没有妨碍人们独立、自由、平等地行使民主权利，因而是一种形式与实质相符的真正的人民民主。第二，西方民主的三权分立、两院制所体现的权力的多元行使，造成各权力机关相互扯皮、相互掣肘和政治权力运行效率不高，乃至导致政党恶斗和国家机关瘫痪，与此不同，中国特色社会主义的性质决定了一切权力来自人民、属于人民的一元化权力结构，以及在权力行使上把民主与集中有机结合起来的民主集中制原则，从而避免了西方民主的上述缺陷和弊端。第三，西方民主所实行的多党竞争、轮流执政，使任何政党上台执政都不可能完全公平地对待其他社会力量，各党相互竞争势必影响政党之间的团结合作，进而削弱社会整体力量的凝聚和发挥，建立在政党竞争基础上的制衡和监督，则具有严重的政党偏见，乃至变成相互之间的攻击与掣肘，与此不同，中国特色社会主义实行的共产党领导的多党合作和政治协商制度，形成了具有合作共赢、民主监督特色的，共产党领导、多党派合作，共产党执政、多党派参政的和谐政党关系格局。第四，西方民主普遍采用代议制的间接民主，使广大选民只能隔几年参加一次选举投票，决定由谁代表他们行使国家权力，而不可能自己直接参与国家权力的行使，与此不同，中国特色社会主义的民主形式，是选举民主与（通过政党之间和政协会议两条渠道进行的）协商民主相结合，使党和国家的重大决策建立在充分政治协商的基础上，从程序上实现了我国根本政治制度与基本政治制度的成功对接，从而既扩大了公民的政治参与、拓展了民主的社会基础，又提高了决策的科学水平，克服了单纯实行选举民主所难以避免的缺陷。

因此，2010 年 3 月 10 日，新加坡《联合早报》网站发表宋鲁郑的文章，强调指出，回避了政治制度因素的重要作用，是国外中国模式成功原因研究的共同缺陷，而在事实上，"中国真正与众不同的特色是有效的政治制度，这才是中国实现经济成功、创造出'中国模式'的全新现代化之路的真正原因"；2010 年 11 月 16 日，澳大利亚《悉尼先驱晨报》网站发表彼得·哈尔彻的文章说，"中国成为强有力的替代模式和一种挑战，甚至让西方国家以及我们有关民主自由怡然自得的想法相形见绌"；而 2013 年 1—2 月号美国《外交》双月刊发表李世默的文章，指出如果中共十八大的战略规划能够一一实现，"那么有朝一日（召开这次大会的）2012 年就可能会被视作一种理念——即认为选举民主是唯一合法和有效的政治治理制度的理念——的终结"，"诚然，中国的政治模式不可能取代西方选举民主，因为和后者不一样的是，中国的模式从不自命为是普适性的，它也不会输出给他国"，"中国成功的意义不在于向世界提供一种替代模式，而在于展示其他的成功模式是存在的"。

美国自由、平等、人权的状况和政策与《独立宣言》、《世界人权宣言》基本精神背道而驰

西方社会关于自由、平等、人权的思想，它的一个重要基础是西方资产阶级的天赋人权——自然权利论。在 1776 年由托马斯·杰弗逊执笔起草的美国《独立宣言》，把英国唯物主义哲学家洛克提出的天赋人权——自然权利论奉为美国的立国之本，它坚持人民主权论，坚持人民主权是国家生活的基础，庄严地宣告："我们认为下述真理是不言而喻的：所有人在被创造出来时就是平等的。造物主赋予他们若干不可剥夺的权利，其中包括生命、自由和对幸福的追求"，政府是人民为了保障这些权利才成立的，政府的正当权利来自被统治者的同意，如果政府损害了这些目的，人民就有权改变或废除这一政府而建立新政府，因为政治组织的首要任务应当是保障人们的自由和幸福。所以，尽管这个《独立宣言》还没有摆脱资产阶级的阶级局限性，用有关权利和平等的抽象议论掩盖现实生活中的阶级矛盾和对立，却还是被马克思高度评价为全人类"第一个人权宣言"。

然而，尽管由于西方民主的竞争性选举招致那里的政党与政党、行政部门与立法和司法部门相互掣肘和相互扯皮，但西方国家的政府、特别是美国政府，却还是与《独立宣言》所宣告的理想相背离地严重侵犯公民的政治权利和自由。

什么是自由？自由是一项基本人权，指不受奴役、不受专横干预的权利。洛克把人的自然权利归结为自由权，他在《政府论》一

书中指出，法律的目的不是废除或限制自由，而是保护和扩大自由。1791 年美国宪法第五条修正案规定，非经正当法律程序，不得剥夺任何人的生命、自由或财产。第二次世界大战以后，联合国的几个人权文件又多次重申自由权作为公民的一项基本权利的不可动摇性和不可剥夺性。《世界人权宣言》第 3 条规定，人人享有生命、自由与人身安全；第 2 条规定，人皆得享受本宣言所载的一切权利与自由。

美国拥有强大的人力、财力和物力资源，本可以对暴力犯罪进行有效的控制，但是美国社会却长期充斥着暴力犯罪，公民的生命、财产和人身安全得不到应有的保障。由于美国将私人拥枪权置于公民生命和人身安全的保障之上，枪支管理松懈，枪支泛滥，以致不时爆发枪击致人死伤事件。据美国有线电视新闻网 2012 年 7 月 23 日的报道称，美国公民手中约有 2.7 亿支枪，每年有 10 余万人遭遇枪击，仅 2010 年就有 3 万多人死于枪伤。美国政府自身严重侵犯公民的政治权利和自由，如在 2011 年 9 月，由美国社会严重不公、不平等、贫富不均和高失业率而引发的"占领华尔街"运动中，美国政府就粗暴地用武力对待成千上万的示威者，肆意践踏民众集会示威和言论自由。在 2012 年 9 月 17 日"占领华尔街"运动一周年时，在华尔街附近的示威者又与警察发生大规模冲突，有超过 100 名的示威者遭到逮捕；在 2001 年的"9·11"恐怖袭击事件以后，美国政府还不断强化对民众的监控，大幅限制和缩减美国社会的自由空间，严重侵犯公民自由，并以提高安全级别为由，违反法律和行政命令进行情报调查的不当行为，不断削弱公民自由，美国最高官员甚至将包括美国公民在内的民众作为海外暗杀目标。2011 年 12 月 31 日签署的《国防授权法》又规定美国总统有权无限期扣押怀疑与恐怖组织或"相关势力"有关的人。最近颁布的法律还取消了1978年《外国情报调查法》所规定的限制，允许通过未经许可的窃听以及政府利用电子通信手段来侵犯公民的隐私权；美国有不少警察滥用职权，粗暴执法，滥施暴力，使许多无辜的公民遭到骚扰和伤害，有的甚至失去自由和生命；美国缺乏基本的诉讼程序保护，政府不断申明有权随意剥夺对公民的法律保护；美国仍是世界上囚犯人数最多和人均被监禁率最高的国家，羁押囚犯的环境恶劣，造成囚犯抗议、自杀等事件不断发生；美国的种族歧视根深蒂固，渗透到社会生活的各个方面：少数族裔的选举权受到限制，少数族裔在就业方面受到歧视，执法和司法领域种族歧视严重，宗教歧视明显上升，种族隔离在事实上依然存在，种族关系紧张，仇恨犯罪频发，原住居民的权利得不到应有的保障，非法移民的权利被侵犯。这种情况使美国乔治·华盛顿大学法学教授乔纳森·特利在2012年1月15日《华盛顿邮报》上发表文章申述《美国不再是自由之地的十个理由》，并得出结论："华盛顿获得的每一项新的国家安全权力……拼凑在一起，使得美国至少在一定程度上成为了独裁国家"，标榜美国为"自由之地"只不过是自欺欺人。

什么是平等？平等也是一项基本人权，就是说人在人格尊严上要求得到同等对待，在权利分享上要求得到公平分配。美国《独立宣言》提出"人人生而平等"，《世界人权宣言》提出："对人类家庭所有成员的固有尊严及其平等和不移的权利的承认，乃是世界自由、正义与和平的基础"；其第一条明确规定"人皆生而自由；在尊严及权利上均为平等"。在资本主义商品经济条件下，流通中发展起来的交换价值过程，是自由和平等的现实基础，经济上的平等更是其他各种平等的现实基础。

美国是世界头号经济强国，但却有不少公民享受不到个人尊严和人格自由发展所必需的平等权利的保障。例如，美国的失业率长期处于高位，据美国劳工部 2012 年 5 月 4 日公布的数据，2012 年 4 月，美国的失业率为 8.2%，失业人口高达 1250 万人；2008 年国际金融危机以来，美国的贫困问题持续加剧，据美国人口统计局 2012 年 9 月 12 日公布的统计数据，美国 2011 年的贫困率为 15%，生活在贫困线以下的美国人有 4620 万，约有 1800 万家庭吃不饱饭，22% 的美国儿童生活在贫困之中。近年来，美国的贫富差距又进一步拉大，2011 年，美国的基尼系数为 0.477，2010—2011 年间，美国的收入差距增长了 1.6%，收入最高的 20% 的家庭占美国家庭总收入的份额增加了 1.6 个百分点，收入最高的 5% 的家庭的份额增加了 4.9 个百分点，中等收入家庭的份额相应减少，低收入家庭的份额几乎未变；美国有为数众多的无家可归者，在 2011 年达 636017 人，平均每万人中就有 21 个无家可归者，其中无处容身者达 243071 人，就是说，每 10 名无家可归者中就有 4 人无处容身；美国有 15.7% 的居民没有医疗保险，人数达到 48613000 人。仅 2010 年，美国就有 26100 名年龄在 25 到 64 岁之间的劳动人口由于缺乏医疗保险而丧命，比 2000 年增加了 31%。美国的不平等现象已经达到 1928 年以来的最高水平。正是财富的过度集中和严重的经济不平等在威胁着世界上最发达的资本主义国家美国的这种情况，使得有些人把美国民主称作是一种归富人有、富人治、富人享以致引发贫富对立和社会分裂的"富豪民主"。

上述美国自由、平等的人权记录说明美国的人权状况十分糟糕，但美国政府不检点自身在人权问题上的所作所为，切实改善自身的人权状况，却硬要以"人权卫士"、"人权法官"自居，霸道地利用人权问题干涉别国内政，年复一年地发表什么"国别人权报告"，对世界近 200 个国家和地区的人权状况品头论足、歪曲指责，把人权作为丑化别国形象和谋取自己战略利益的政治工具。然而，事实上，美国不仅国内人权状况不佳，还在国际上不断侵犯他国人权。联合国在 1948 年通过的《世界人权宣言》是世界自由、正义与和平的基础，它明确地承诺，要确保权力不再是压迫或伤害人民的掩盖手段，而要让所有人民拥有生存、自由和人身安全的平等权利，受到法律的平等保护，免受虐待、任意羁押或被迫流亡。然而，美国却是冷战结束后世界上对外发动战争最频繁的国家，在 2001—2011 年间，每年约有 1.1 万—1.4 万名平民死于美国领导的"反恐战争"之中。据联合国阿富汗援助团推算，2007 年到 2011 年 7 月，至少有 10292 名阿富汗平民被打死，而伊拉克"死亡人数统计项目"则记录，在 2003 年至 2011 年 8 月，有约 11.5 万名平民死亡。在巴基斯坦、也门和索马里，有许多平民死于美军炮火。以美国为首的军事行动还制造了生态灾难，伊拉克战后儿童出生缺陷率惊人增加，美国士兵还严重侮辱阿富汗人的尊严，亵渎他们的宗教感情。美国在关塔那摩监狱长期非法关押外国人，美国拒绝给予他们《日内瓦公约》规定的战俘权利，并用酷刑虐待他们。美国政府的反恐政策至少违反了《世界人权宣言》30 条规定中的 10 条，包括"残忍不人道或有辱人格的待遇或惩罚"。美国在国内外严重侵犯人权的这种行径，促使美国前总统吉米·卡特在 2012 年 6 月 25 日美国《国际先驱论坛报》网站发表《一份残酷而异常的记录》一文，指出美国人权记录残酷异常，美国侵犯国际人权的做法并没有让世界更安全，反而帮助了敌人而疏远了朋友，美国正在放弃它作为全球人权捍卫者的角色，无法再拥有道德权威了。他要求美国根据国际人权规范，扭转方向，将这种规范当作我们自身的宝贵财富。

（《毛泽东邓小平理论研究》2013 年第 6 期）

西方的制度反思与中国的道路自信

■ 张维为

过去数十年中，西方国家，特别是美国，一直在全世界推销自己的制度模式。仔细观察，他们主要推销两个东西：一个是市场原教旨主义，另一个是民主原教旨主义，但产生的效果似乎越来越差："颜色革命"随着乌克兰的分裂动荡已基本褪色完毕，"阿拉伯之春"随着埃及的冲突震荡已变成了"阿拉伯之冬"。大概是忽悠别人的事做得太多了，西方不少国家自己也真相信这些东西了，结果自己也被一并忽悠。看一看今天的西方，冰岛、希腊等国先后破产，葡萄牙、意大利、西班牙等国处在破产边缘，绝大多数西方国家都深陷债务危机，美国经济也没有搞好，多数人的生活水平20来年没有改善，反而下降，国家更是债台高筑。这样的结果估计西方自己也未曾料到。

与此形成鲜明对照的是坚持走自己道路的中国，正以人类历史上从未见过的规模和势头迅速崛起，多数百姓的生活水平大幅提高。在这样的事实面前，西方终于有不少人开始反思西方自己的制度问题了。2014年3月，西方自由主义最有影响的旗舰杂志《经济学人》罕见地刊发了封面长文：《民主出了什么问题？》（以下简称"《经济学人》文章"），坦承"（西方）民主在全球的发展停滞了，甚至可能开始了逆转"。"1980年至2000年间，民主只是遭遇一些小挫折，进入新千年后，民主的挫折越来越多"。作者把这种挫折归咎于两个原因："一是2008年开始的金融危机，二是中国的崛起"。这也引出了本文探讨的两个主题：西方的制度反思与中国的道路自信。

西方制度反思：从经济转向政治

2008年金融危机爆发后不久，西方许多人士就开始反思造成这场金融危机的原因。英国女王询问伦敦经济学院的学者：为什么没有预测到金融危机的到来。西方学界和政界许多重量级人物先后参与了这场反思。诺贝尔经济学奖获得者保罗·克鲁格曼撰文《经济学为什么错得这么离谱？》，认为"大多数经济学家死抱着资本主义就是一个完美，或近乎完美制度的观点"，"对很多东西视而不见"。对这场危机负有责任的美联储前主席格林斯潘说：他处于"极度震惊和难以置信"的状态，因为"整个理智大厦"已经"崩溃"，他"不敢相信自己对市场的信念和对市场是如何运作的理解是错误的"。美国经济学家布拉德福德·德朗指出：金融家的自我监管是场灾难，"虽然总体来说，被监管符合金融公司的长远利益，但金融家们太愚蠢，认识不到这一点，他们只想赚钱，然后说'我死后，哪怕洪水滔天'。如果这种观点是对的，那美国将会有很大的麻烦。"

美国普利策新闻奖获得者唐纳德·巴利特和詹姆斯·斯蒂尔于 2012 年在美国出版了《被出卖的美国梦》一书，引起了轰动。作者对美国人过去 20 来年的实际生活进行了调查，认为曾经激励过那么多人的"美国梦"已经不复存在，因为多数美国人的收入在过去 20 年停滞不前，甚至下跌。诺贝尔经济学奖获得者约瑟夫·斯蒂格利茨如是说："美国自称'机会之地'或者至少机会比其他地区更多，这在 100 年前也许是恰当的。但是，至少 20 多年来的情况不是这样"。

针对西方经济是否已开始复苏，斯蒂格利茨又写道："综观西方世界，尽管有复苏的迹象，但大部分北大西洋国家的实际（通胀调整后）的人均 GDP 还低于 2007 年；在希腊，经济估计收缩了约 23%。表现最出色的欧洲国家德国在过去 6 年的平均年增长率也只有 0.7%。美国的经济规模仍比危机前小 15%。"他还说，"GDP 不是衡量成功的好指标。更相关的指标是家庭收入。美国今天的中位数实际收入比 1989 年（即 25 年前）的水平还要低；全职男性员工的中位数收入还不如 40 多年前的水平"。

西方对危机的反思也从经济层面转向了政治层面。《被出卖的美国梦》作者剖析了美国梦被出卖的政治原因，认为美国的政客、富人、大公司等，通过权钱交易动摇了"美国梦"的基础。美国的政府替富人减税，期待富人能给美国创造大量的就业机会，但这种局面基本没有出现。富人不热心把利润汇回美国，而是更多地把钱财转移到开曼群岛等逃税天堂。斯蒂格利茨也认为：林肯总统所说的"民有、民治、民享"的民主制度已经演变成了"1% 所有，1% 统治，1% 享用"。罗马教皇佛朗西斯则公开把"现代资本主义"称为"新的专制制度"。他认为"资本主义将导致更广泛的社会动荡。资本主义是掠夺穷人的经济"。

西方民主模式出了什么问题?

无疑,西方的民主模式,特别是美国的民主制度出了大问题。西方人士对西方民主模式的反思大致可以概括为三个问题,即金钱政治、失灵政体、债务经济。

"金钱政治"在这场金融危机中暴露无遗。《经济学人》文章指出,"金钱获得了美国历史上前所未有的政治影响力。数以千计的说客(平均每位国会议员要应对超过 20 名说客)让立法过程变得更为冗长和复杂,让特殊利益集团更有机会参与其中"。一个例子就是奥巴马的医改法案,竟长达 2000 多页,包括了各种补充和例外条款,说白了,就是钱权交易后产生的、执行力极弱的法案。"金钱政治"的标志性事件是 2010 年美国联邦最高法院的裁决:对公司和团体支持竞选的捐款不设上限。《华盛顿邮报》专栏作家哈罗德·迈耶森惊呼:"这个裁决似乎证实了中国人对美国民主的批评,即美国民主是富人的游戏。"不久前,美国联邦最高法院又裁决个人竞选捐款也不设上限,美国民主就真成了"钱主",连美国右翼参议员麦凯恩都忧心忡忡地说:"美国今后将丑闻不断。"

美国保守派学者福山也认为,"在美国政治体系中,金钱已经成为选举的王牌,最高法院认可企业有权利用雄厚的经济实力来支持有利于它经营的候选人和政策"。"而中国恰恰相反,中国的制度不可能牺牲整个体系的需要,让企业参与政府的决策,从而满足它们的底线"。

"失灵政体"主要表现为西方国家治理能力普遍大幅下滑：冰岛政府国家治理无方导致了国家破产；希腊和意大利的政府治理极其混乱，导致了现在的深层次危机；比利时经历了 500 多天无中央政府的局面；欧盟内部解决实际问题的效率极低；日本像走马灯一样地换政府，十年九相；美国如此庞大的金融体系弊病丛生，但金融危机到了爆发前夕，政府毫无察觉，结果给美国和世界带来了灾难，美国的综合国力也随之直线下降。

"失灵政体"还体现在美国政治的"极化"，即党派激烈对抗导致"否决政治"和"治理瘫痪"。福山甚至撰文《美国没有什么可教给中国的》，说中国制度能"迅速做出复杂的重大决定"，而且"使决定得到较好的落实。而美国人的宪法制衡原则虽然保障了个人自由，使私营部门充满活力，但现在已变得对立、分化和僵化"。

牛津大学教授斯泰恩·林根甚至警告：英美民主可能已经到了重蹈雅典民主覆灭命运的"临界点"："三权分立制度的设计初衷是通过政府权力间彼此制衡，最终更好地为公众服务。但今天，权力互相牵制形成了僵局，整个国家得不到亟须的良好治理。任何一个旁观者都会轻易而惊愕地发现，美国的'社会不平等'与'政府不作为'是那样的密不可分。原本赋予宪政体系的权力被诸如政治行动委员会、智囊团、媒体、游说团体等组织榨取和篡夺"。"在古希腊，当富人成为巨富，并拒绝遵守规则、破坏政府体制时，雅典民主崩溃的丧钟就敲响了。今日之英美，也已到了岌岌可危的临界点"。

至于"债务经济"，今天几乎多数的西方国家经济都成了寅吃卯粮的债务依赖型经济，即通过借新债还旧债的方法来解决经济和财政问题。从政治角度来看，西方民主制度下的政客为了拉选票都竞相讨好选民，开出各种各样的直接和间接的福利支票而耗尽国库。南欧国家的债务危机就是这样形成的，美国居高不下的债务危机某种意义上也是这样形成的。

《经济学人》发表文章承认"对民主最大的挑战既不是来自上面也不是来自下面，而是来自内部，来自选民自身。事实证明，柏拉图有关民主制度会令公民'整日沉迷于愉悦时刻'的担忧充满了先见之明。民主制度下的政府业已形成了不把巨额的结构性赤字当回事儿的习惯。他们通过借债来满足选民的短期需求，而忽略长期投资。法国和意大利已经30多年没有实现收支平衡了。金融危机已经将这种债务民主制的不可持续性暴露无遗"。

中国道路越走越宽广

中国走自己的路并迅速发展，令世界瞩目。今天，西方有识之士反思自己制度问题时的参照系几乎都是中国。2012年10月，西班牙前首相费利佩·冈萨雷斯访华后在西班牙《国家报》上撰文说："每一次访问中国，无论时隔多久，反映世界新局势的历史现象都会令人感到惊讶：中国以异乎寻常的速度崛起，而欧洲人在挣扎着不要沉没"，"我们不知道如何阻止这一进程，更不用说逆转了"。

如果说西方一直在全世界推销"市场原教旨主义"和"民主原教旨主义"，那么中国的成功恰恰是因为中国摆脱了这两种迷思，大胆探索，走出了一条符合自己民情国情的成功之路，而且越走越宽广。

　　"市场原教旨主义"的核心是市场这只"看不见的手"可以解决所有的经济乃至社会问题。其实，"市场原教旨主义"的危机在非西方世界早已暴露无遗：西方20世纪80年代和90年代在非洲推行的"经济结构调整"，结果以经济危机和社会危机告终，西方90年代在俄罗斯推行的"休克疗法"也以失败告终，但市场原教旨主义者还是执迷不悟，最终把西方自己也拖入了今天的金融危机和经济危机。

　　从过去数十年的实践来看，中国的"社会主义市场经济"模式，把政府这只"看得见的手"和市场这只"看不见的手"结合起来，把计划和市场结合起来，把国有经济和民营经济结合起来，极大地促进了中国的发展。这个模式虽然还在不断完善之中，但已经带来了中国的迅速崛起。福山也承认："近30年来，中国经济令人惊异的快速发展体现了中国模式的有效性，一般认为有望再保持30年的增长"。"客观事实证明，西方自由民主可能并非人类历史进化的终点。随着中国崛起，所谓'历史终结论'有待进一步推敲和完善。人类思想宝库需为中国传统留有一席之地"。

　　"民主原教旨主义"的核心观念是唯有西方那种民主模式，特别是多党制和普选制，才叫民主，一个国家成功与否都取决于它是否采用这种民主模式。但实践证明，今天这个模式在西方国家和非西方国家都陷入了极大的困境。在西方国家，这个模式最大的困境是无法"与时俱进"。在非西方国家，这个模式最大的困境是"水土不服"。

　　对于西方国家来说，唯有与时俱进，推动自己的政治体制改革，才能摆脱今天的困境和危机。但西方很多国家的民主，早已被各种高度组织和动员起来的既得利益集团绑架了，实质性改革无法启动。

2011 年，在经历了 500 多天没有中央政府之后，比利时的一大批有识之士发表了一个《千人集团宣言》，指出："除了民主，现在全世界的革新无处不在。如公司必须不断创新，科学家必须不断跨越学科藩篱，运动员必须不断打破世界纪录，艺术家必须不断推陈出新。但说到社会政治组织形式，我们显然仍满足于 19 世纪 30 年代的程序。我们为什么必须死抱着两百年的古董不放手？民主是活着的有机体，民主的形式并非固定不变的，应该随着时代的需要而不断成长。"

在非西方国家，采用西方民主模式几乎都因"水土不服"而陷入失望或绝望。国家是一个包括政治、经济和社会三个层面的有机体，西方民主模式最多只是改变了这个有机体的一些政治表象，另外两个层面根本改变不了，特别是社会层面的变化非常之难、也非常之慢。"颜色革命"的失败和"阿拉伯之冬"的出现都说明了这个问题。

与西方民主模式相比，中国民主建设的探索是成功的。西方模式把重点放在"形式"和"程序"上，好像只要有了正确的"形式"和"程序"，一个国家就可以万事大吉、一劳永逸了，结果是西方民主模式今天已经变成"教条"和"僵化"的代名词。中国民主建设把重点放在"内容"和"结果"上，大胆探索适合自己的民主"形式"和"程序"，结果是道路越走越宽广。正是在这个意义上，我们可以更好地理解邓小平关于如何评估政治制度质量的论述。他认为关键看三项"内容"和"结果"：第一看国家的政局是否稳定，第二看能否增进人民的团结、改善人民的生活，第三看生产力能否得到持续发展。

如果用这三个标准来评价这些经历了"颜色革命"的国家和"阿拉伯之春"的国家，那么这些国家的表现都属于劣等。这些国家的政局动荡了，人民分裂了，百姓的生活恶化了，因为生产力遭到了巨大破坏。如果拿这三条标准来评判西方国家，那么它们多数还算稳定，虽然不如以前，而这很大程度上是因为这些国家还有老本可吃，有过去数百年财富积累（包括大量的不义之财）和制度建设的本钱，而后两条，大部分国家也没有达到。它们的人民不是更团结了，百姓生活改善的也不多，它们社会分裂的情况比过去严重了，它们的经济也先后陷入了金融危机、债务危机或经济危机。

中国道路的探索取得了举世瞩目的成绩。中国民主制度的建构日趋成熟，从协商民主到"选拔＋选举"的选贤任能制度，从"新型民主集中制"的决策机制到各种现代网络议政平台等，中国最高领导人的有序接班、中国执政团队的出色素质和能力、中国一个接一个五年规划的顺利制定和实施、中国绝大多数国民对前途的乐观态度等，都展现了中国道路和制度建设的巨大成就。《经济学人》文章引用了2013年的皮尤全球民意调查，非常心不情愿地承认了中国模式的竞争力。这个民调显示：85％的中国人对自己国家发展的方向"十分满意"，而在美国这个比例为31％。

从长远看，随着中国的进一步崛起，整个世界都会更多地反思西方模式带来的问题、乱象乃至灾难，特别是"市场原教旨主义"和"民主原教旨主义"的荒谬性。中国独特的文化传统、独特的历史命运和独特的民情国情决定了中国自己的道路选择，决定了中国未来的方向。在探索自己的发展道路上，中国已经取得了决定性的成功。早在中国改革开放之初，英国历史学家汤因比就曾预测：中国可能"有意识地、有节制地融合"中国与其他文明的长处，"其结果可能为人类文明提供一个全新的文化起点"。中国已经这样一路走来，中国将沿着这条道路继续前行，实现中华民族的伟大复兴，并为整个人类文明做出自己独特的贡献。

（《求是》2014 年第 9 期）

为什么说西式竞争性民主
是资产阶级民主

■ 鲁品越

"一人一票"还是"一元一票"

西方民主制并非天然是"一人一票"的制度。在 18 世纪、19 世纪乃至 20 世纪初，美国大部分州都规定只有具有一定财产的美国男性公民才有选举权，全部妇女、黑人、印第安人和贫穷的白人都被排斥在国家政治生活之外。就妇女而言，美国在 1920 年、英国在 1928 年、瑞士直到 1971 年才获得选举权；就种族而言，美国黑人到 20 世纪 60 年代才获得选举权。当代西方发达国家的"一人一票"制度乃是人民长期斗争所取得的结果，这是西方民主制中值得肯定的历史进步。但是这种进步并不意味着西方民主性质的根本改变，只是实现了被歧视的人们在法律形式上的自尊与权利，对选举制度的实质并没有影响。这是因为"一人一票"表面上看来"人人平等"，似乎国家领导人是全体人民共同推选的，但事实并非如此。

首先，在西方式民主制中，不是由人民，而是由垄断资本力量决定候选人。对选举结果具有决定作用的是谁有权决定候选人。因为一旦确定了候选人，你的选票就限定在已定的框框之内，不管你怎样投票，其结果都在那些能够决定候选人的社会力量的意志范围之内。所以西方式民主制的本质不在于谁有投票权，而在于谁能确定候选人，通过怎样的过程产生候选人。能够确定有希望当选的候选人的社会力量才是这种政治的真正主宰，投票者只是为这些社会力量服务的工具。

在西方民主制度下，能够确定有希望当选候选人的，是依靠具有巨大资本力量支持的政党，这是由西方资本主义社会的经济基础决定的。在西方资本主义社会，垄断资本力量无孔不入地支配着全社会经济与文化生活的命脉。西方垄断金融资本控制着全社会的养老金、医疗保险金、住房贷款等事关老百姓经济生活大事的资金，这些金融资本实质上通过金融网络绑架了全社会，因此只有那些能够在事实上保护这些金融垄断资本的政治人物才有可能成为候选人。许多发达国家的军事工业在社会产业结构中居于特殊地位，国防开支通过向全社会招标为许多垄断企业提供了数额庞大的订单，从而直接提供大量就业岗位，直接控制着许多人的"饭碗"，因此那些事实上保护军工利益的政治人物才能成为候选人。同时，全社会的传媒系统都由垄断资本所掌控，如拥有175种报纸、5家杂志和23家电台，电视网横跨南北美洲、欧洲、大洋洲的默多克"美国新闻集团"，控制全社会的舆论导向。只有得到这些舆论工具的支持，才能成为家喻户晓的政治明星，才有可能成为候选人。因此，在现代资本主义国家，金融垄断资本、产业垄断资本、传媒垄断资本相互斗争与联合决定着候选人。只有符合这些垄断资本利益的人物才可能成为候选人。而且政治人物当选后的所作所为，必须符合这些垄断资本的胃口，才有可能比较顺利地执政，否则即使上了台，迟早也会被垄断资本拉下马。

上述这些通过政治系统寻求资本扩张的各类垄断资本力量，必然寻求特定的政党作为代表自身利益的政治工具。而能够提供候选人的各个政党必须依靠资本母乳的支持才能存活下去，才可能维持其组织及党务人员的生存，进而才可能成为执政党。所以资本与政党二者一拍即合而联姻，形成各种政治上的竞争力量——这正像市场上各个竞争的垄断企业一样。从美国来看，共和党的背后，主要有军工、石油、制造等"传统工商业"的支持；民主党的背后，则主要有金融、电信、传媒等"新兴商业"的支持，当然这二者之间也有错综复杂的交叉关系。需要说明的是，西方国家虽然实行多党制，但 1954 年美国国会通过了《共产党管制法》，后又通过了《麦卡锡法》和《蒙特法》，对共产党的发展作出了严格限制的规定。后来之所以允许共产党存在，是因为随着资本垄断力量日益增强，社会资源越来越集中在少数财阀手中，而共产党缺乏能够与这些垄断资本相抗衡的力量支持，很难支撑下去，更谈不上发展壮大，因此只能成为其"民主自由"的点缀。

由此可见，"一人一票"的选举制度，表面看非常民主，好像选举的结果是民意的真实表达，然而实质上无论谁被选上，都是代表某个资本集团的利益，而不是全社会人民的利益；其结果都是获胜的资本集团统治人民，而不是真正的民主——人民统治。各个垄断集团选择自己看中的候选人来统治人民，人民只不过在其中进行选择，从而使选民成为垄断资本用来投票"选主"的工具。西方民主制的这一本质正被越来越多的西方民众看穿，所以民众的选举热情日益淡漠，投票率连年下降，选举日益成为少数政客与政党的游戏。这种选举的合法性正日益受到挑战。

其次，资本力量不但决定代表其利益的候选人，资本力量之间的博弈还会决定谁能当选。有人会说，既然"一人一票"，群众的眼睛是雪亮的，当然会选举自己中意的候选人，怎么会被资本力量所操弄呢？实际上，西方民主选举是由"民主三角形"组成的："选民——政党和政客——金主"。在这三角形中，真正决定者是"金主"。作为政党活动资金来源的垄断资本力量，他们通过垄断人们信息来源的社会传媒体系来实现对选民的精神统治，从而决定选举结果。

历史是人民创造的，但人民只能在一定的条件下创造历史。作为人民的选民不是神，而只是普通老百姓。老百姓不可能直接了解候选人，必须通过公共传媒和各种选举造势活动才有可能获得关于候选人的信息。而这些活动本身并非无目的的活动——活动的目的就是对民意的操弄。谁最具有强大的资本实力和技巧来使用这些媒介工具操弄民意，谁就最可能在选举中胜出。因为实际上，只要抓住全体选民中占比例很小的中间选民，就能影响整个选举大局：这是因为这些候选政党和候选人之间在政治主张等方面差异很小，或者虽然有差别，但各自都有自己相对稳定的"基本盘"，所以候选人之间能够得到的选票差别不大。因此在选举的那段不到一个月的"黄金时间"中，只要能够影响不到10%甚至5%的中间选民，就能够决定选举结果。因此，即使大多数选民不为这些宣传鼓噪所动，只要有很少的选民受到操弄的影响就足够影响最终选举结果。因为在"二选一"的选举中，影响每一位选民都会产生对两方候选人"减一增一"的拉开差距的作用。许多选举实际上是通过影响极少数选民一时的情绪，而决定不同候选人的成败和命运。这可以说是西式选举制的诀窍，也是其最明显的弊端之一。这就使选举过程变成了玩弄社会话题、操弄民意的政治游戏。在美国，每逢选举都要竞争性地提出中国话题，将其国内的工人失业、企业倒闭等问题归咎于"廉价的中国工人劳动力抢走了美国人的饭碗"，竞争性地挑动对中国的民族主义情绪以吸引选票，这已经成为民主共和两党的惯用手段。只要有少数不明真相的美国人受到影响（哪怕只有2%），就会影响选举结果。诸如此类的手段不胜枚举。由资本控制的舆论传媒操弄中间选民，的确是在已经确定的候选人中决定选举结果的决定性因素。

因此，现代西方国家实行"一人一票"的选举制度，相对以前只有部分社会成员享有选举权的制度，的确是一项历史进步。但这只具有象征性意义，满足了先前被排除在社会政治生活之外的社会成员的平等要求，改变不了选举实质，因为这种选举的实质由资本主义社会的经济基础所决定。

经济基础决定上层建筑。正因为没有这种经济上的民主，其政治民主必然被架空而成为"民主秀"，成为由私人垄断资本争夺对社会控制权的政治游戏，它表现在：由资本力量的角逐决定谁担任候选人，同时由资本力量的博弈状况决定哪个候选人当选。

多党竞争是遏制腐败还是滋生腐败

西式民主虽然也有各个政党和权力机构之间相互监督、选民对候选人的监督等方面的功能，从而能够在一定程度上使腐败行为有所顾忌与收敛，这是许多反对腐败的人们着迷于西方民主制的原因所在。他们看到一些实行西方民主的国家与地区，通过政党之间互相揭短的斗争，查出了不少腐败案件，的确使一些腐败行为受到制约，从而认为必须通过实行西方式民主，多党竞争，一人一票的选举，才能从根本上消除腐败。然而他们不明白，社会事实要比他们所设想的复杂得多。

如果社会由一个个独立的个人所组成，他们不受任何社会力量所支配，那么在这种情况下，一些立志为全社会服务的人员组成各种不同的政党，各政党提出各种有利社会发展的政策来供全社会选民挑选，人民选择其中最能够有效地为自己服务的政党来执政。然而现实社会并非如此简单。多党之间的相互监督固然有通过相互揭短而扼制腐败的一面，但各党自身的贪欲及背后错综复杂的利益集团的支配，使多党制成为一种催生腐败和制造社会分裂，甚至导致社会解体的制度。因为这是一种各个政党只追求自身利益，而只有社会利益符合其自身利益时才会作为其使用的手段。这正如资本主义市场经济制度下每个企业只追求自身价值增值，而把生产使用价值仅当作其营利手段一样。多党制下的"竞争——票决型"民主的危害性有以下几个方面：

第一，多党制必然催生由政治献金而引发的腐败，这种腐败为任何法律所无法禁止。以谋取政权、占据议会席位为目的的各个政党，不但必须依靠政治献金来生存，而且必须依靠庞大的政治献金作为竞选费用，这就使各政党必须寻求"金主"，否则在政治舞台上没有生存的可能。这些由政治献金所产生的腐败有两条路径：

第一条路径是选举过程中政治献金腐败。现在某些国家和地区，已经有人把选举当作一项产业来经营。各个政党利用选举来吸纳社会政治献金，许多政治献金被候选人与工作人员徇私舞弊据为己有。这方面的监管一直是法律的灰色地带，是法律很难管理、有时根本管不着的地方，因而政治献金成为贪腐现象丛生的沃土。日本民主党主席小泽一郎和韩国前总统卢武铉等都陷入到政治献金丑闻。政治献金本身就是一种在西式民主制下的合法的"行贿"，因为其本质与"行贿"一样，不是为了社会公益，而是为了在今后的公共权力部门实现对自己的好处。因此正像行贿者不希望有人监管受贿者一样，政治献金捐款者也不愿意对所捐政治献金的监管。于是在各种贪污行为中，对政治献金的贪污是最安全的。

第二条路径是当选者对政治献金捐献者回报，这在西式民主制中乃是合法的腐败。与慈善捐款不同，社会集团向有关政党和候选人捐献政治献金的唯一目的，是希望获得公共权力的回报。候选人一旦当选之后，用所获得的公共权力按照捐款数额的大小给予回报，这在西式民主中已经被认为理所当然，甚至被认为是当选者"政治信用"的表现。美国一些大企业，如摩根士丹利、瑞银华宝、高盛、花旗、微软、安然公司等，虽然在政治上倾向于共和党，但为了保险起见，同时给民主党候选人送了"红包"，其目的纯粹是为了"旱涝保收"，不管哪个党上台，都对它有所回报。所以，美国实际上只有一个单独的党，即财主党。那么，当选的总统、议员等能够向这些只占美国总人口4%以下的人提供哪些好处呢？当政者会按照给自己捐款的名单排序给予回报，如委任内阁官员、派驻大使，制定有利于该财团的政治经济政策，应招工程项目，签订政府购买合同等。在布什政府大选筹款中立下汗马功劳的"先锋"俱乐部中，43人被委以要职，其中部长2名，出任欧洲各国大使19名。而在这些回报中，最大的回报是当选者推行对捐款者有利的政策。小布什当选后，为了回报他的金主石油大亨，不顾世界舆论压力，逆世界环保潮流而动，拒绝批准《京都协议书》。欧盟国家对《京都协议书》态度积极，一方面是因为对世界气候变化的担忧，但随后单方面开征所有入境欧洲的飞机的二氧化碳排放税，此举很难排除背后的垄断资本的操控。美国枪杀案不断，然而限枪案在国会一直未能通过，就是因为其背后有强大的相关产业的资本集团。奥巴马上台后实施对华贸易制裁，同样是为了回报选举时支持他的相关产业部门（包括结构十分复杂的劳联产联，其资金来源已经不仅仅局限于工人阶级）。因此，只要允许搞政治献金，那就是公开的腐败，就是堂而皇之地用金钱来控制政治，用资本来"统治人民"，而不是"人民统治"。选举过程只不过是用人民的投票过程，使金钱和资本统治人民合法化。

"选民——政党和政客——金主"，本质上就是一个必须依靠腐败来运营的政治三角形，因为"金主"给这个"民主三角形"提供生存的机会，并且由此而主宰了选举。有人说，小布什这样的政治家就没有腐败。这就要看什么是腐败了。小布什接受了垄断资本的钱从而用其政策制定权为这些垄断资本服务，这本身就是腐败，只是在资本主义制度下它被视为"合法的"腐败罢了。

有人会说，由政治献金产生的腐败只是西方民主制的一个设计缺陷，只要通过法律对政治献金严格限制与严格监管，就能够消除这类腐败。然而事实证明这只是空想。严格限制与监管一旦严格到能够消除腐败的程度，这种选举制度本身就不能运行与生存，民主游戏根本玩不起来。正因如此，美国最高法院于 2010 年 1 月 20 日作出终审裁决，认定禁止美国公司和工会的政治捐款是违宪行为，从而使政治献金在数额上可以不受限制。即使对各种政治献金的使用方式进行严格的法律规定，这些监管也根本不可能阻碍上述腐败现象的发生，这是由西式选举的本能需要所决定的。在美国，政治献金有"硬钱"和"软钱"之分，"硬钱"指符合联邦选举委员会限额规定并受其监管的政治献金，规定个人捐款总额不能超过 2000 美元。"软钱"指那些绕过联邦选举委员会的监管而用于影响竞选的捐款。个人、团体和企业捐给政党用于党务的钱没有数量限制，这些"软钱"虽然规定只用于选民登记、党的建设、行政开支等党务活动，然而实践中各政党都将收到的钱大量用于竞选。所以，美国政治捐款者向来不超过美国人口总数的 4%，所谓大选实际上是由这 4% 的人所支撑的大选，最后还是为这 4% 的人服务。而这 4% 的人分别向两党提供的政治献金达 3 亿至 4 亿美元。2008 年成功当选美国众议员所需资金是 110 万美元，参议员需要 650 万美元，总统选举中所有候选人花费的资金高达 53 亿美元。没有一定的金钱支撑，参加竞选只是空话，更谈不上当选。

在 2000 年美国大选中，安然公司为布什政府提供了 55 万美元的资金，包括 71 位现任参议员、188 位现任众议员，其中共和、民主两党议员都有。这个公司提供政治献金是为了获取尽可能多的经济利益回报。而对于没有捐政治献金的 96% 以上的普通老百姓来说，虽然拥有"一人一票"的"伟大民主权利"，然而即使你投票支持的人当选，当选者也不会执行你的意志，带来什么好处，而只会执行给他政治献金的人的意志，因为此人早就被那些巨富们所收买，你的票只能是白投。所以，不论确立怎样严格的法律，只要允许政治献金存在，只要选举需要靠金钱支撑，那么"竞争——票决型"西式民主制度在本性上必然腐败，产生的只能是用金钱收买的政权。

从以上分析可以看到，西式民主制固然有通过政党间相互揭短以揭露和扼制腐败的一面，但从本质上说是促成腐败的制度，这种本质上促成的腐败远远大于其现象上揭露和扼制腐败的一面，最终造成非法的和合法的腐败。总之，在资本支配社会的情况下，这种"竞争——票决型"选举必然制造出"选民——政客——金主之间的铁三角游戏"，从而客观上催生腐败。菲律宾连续三届总统马科斯、阿基诺和埃斯特科达都陷入严重的腐败。第二次世界大战前的德国曾经选出像希特勒那样给德国和全世界带来灾难的独裁者。这些事实已经足够使那些以为西式民主能够扼制腐败的人们的幻想破灭。小布什等美国领导人，代表的并非是全体美国人民的利益，而是某些垄断集团的利益。他发动了把美国拖入泥潭的伊拉克战争，这种以公共权力为垄断集团服务的行为其实是地地道道的腐败行为，只是在资本主义国家被视为合法而已。

第二，多党制不但不能消除腐败，而且有可能促成政党与黑社会或明或暗的勾结，从而为一些能够操控地方选票的黑社会势力提供走上政治舞台的渠道。在一些传统由地方势力所控制的地区，往往存在一些既具有强大资金实力，同时也拥有票仓的黑社会组织。

意大利有，连现代政治最发达的美国也有。这些黑社会组织与多党制下的各个政党之间相互需要：各政党不仅需要黑社会的资金和票仓，同时还需要黑社会进行一些自己想干而慑于法律与民意而不便干的事情，诸如陷害乃至谋杀关键人物，制造各种乌龙事件等等；黑社会需要支持合法的政党影响现实政治，创造有利于自己生存的环境。正因如此，许多国家和地区的多党制与黑社会具有千丝万缕的联系。这些黑社会并不一定持何种政治主张，因而并非坚定地支持哪个党，而是与各政党讨价还价，以此获得最大利益。而他们这种左右摇摆的态度，在两派票数接近时，往往能够成为决定胜负的关键选票。政治人物的冲突协调，常常由隐身幕后的黑道老大来"摆平"，选举的结果往往在相当大的程度上决定于如何给这些黑道老大"拜票"。当选的政治领导人从来不敢轻易地动这些黑社会，因为这不但会使自己面临生命危险，而且威胁到自己所在的政党是否能够继续执政。因此，多党制与黑社会成为难兄难弟，在多党制的滋养下，黑社会这一社会毒瘤越长越大。

第三，多党制会使社会已有矛盾上升为组织化的冲突，从而扩大社会分歧甚至撕裂社会。社会矛盾和冲突应通过弥合分歧、消除误会，协调矛盾、协商对策来解决。然而一旦实行多党制，代表各方利益的人们就会成立不同的党，这些矛盾就会上升为组织化形态，成为不同党派之间的党争。而为了强化本党意识，凝聚本党成员，打击对方党派，各政党就可能不断有意挑起分歧，扩大矛盾，甚至故意制造事端，最后导致社会被多党所撕裂。旧中国曾经陷入过四分五裂的割据与混乱状态，这给中国人带来巨大的灾难。但在那个时代，生产力非常落后，各个地区之间经济上关联不大，人们在生活上相互依赖性不强，所以在这种割据与混乱状态下人们仍然可以存活。如今是社会化生产力高度发达的时代，电网、通讯网、交通网乃至天然气网等将全国千家万户联系在一起。所以一旦发生由多党制的党争引起的社会分裂，其后果不堪设想。我们对此务必要保持清醒的头脑。

第四，多党制在引导各方相互揭短从而在扼制腐败的同时相互抹黑，以及由党派之争引起的民众分裂，会造成"腐败麻痹症"，从而使腐败常态化、正常化。反对腐败的最根本力量来自社会民众的正义感，它使政府当局必须通过反对腐败来凝聚民心。一旦社会民众反腐败的正义感被腐蚀与麻痹，将会使腐败到处蔓延而成为社会常态。而侵蚀民众反腐败的正义感的最强大的毒剂，来自多党制对立双方相互抹黑、栽赃。有人说应当用法律来制止这种行为，殊不知不论怎样严苛的法律也挡不住当选的诱惑力。这是因为一旦放出抹黑的传闻，不等你开始调查，选举已经结束。然后是旷日持久的调查，查出结果后本届当选政府任期已近尾期。而在这个过程中，选民百姓受到愚弄，真假难分，是非不明，久而久之，社会的正义感受到腐蚀，逐渐产生"腐败麻痹症"，即对腐败见怪不怪,视为常态。长此以往，社会反腐败的根本动力将会丧失，腐败顽症将日益猖獗。

此外，由于党派之争，各党派常喜欢把民众拉下水，从而造成不同党派所代表的民众之间的分裂，使得各方民众将党派利益奉为最高利益，为此甚至容忍腐败，认为那只是内部的"家丑"，尽可能使之淡化。这是社会对腐败"麻痹症"的又一原因。

由此可见，多党制确实具有各党之间相互揭短，从而在一定程度上能够抑制腐败的一面，然而以金钱为母乳，以争取尽可能多的政治献金作为其生存和获取政权的必要条件的各个政党及多党制度，其本性决定了必然会导致腐败，导致少数人通过政治献金来选举掌握公共权力者，从而实现对人民的统治。这是每一个尊重事实的人不得不承认的结论。

（《高校理论战线》2013 年第 2 期）

被美化的西方政治文明

■ 王天玺

政治文明，不是什么玄妙的东西，而是某种社会治理方式。只要存在国家、存在社会，就会出现适应其需要的社会治理方式，就会形成某种政治文明。西方政治文明的核心是"西方民主制"，它符合欧美一些资本主义国家的国情，有力推进了这些国家的现代化进程，是人类政治文明的重要形式，这是应当充分肯定的。但近百年来，这些国家的统治者因其国力强大，头脑膨胀，滋生了"救世主"狂想，把仅适用于部分国家的社会治理方式美化为"普世价值"，向全世界强行推销，甚至不惜发动侵略战争，给世界许多地方带来灾难和痛苦。这种近乎疯狂的作为促使人们冷静下来，去透视这种"普世价值"，还其本来面目。

柏拉图的怨恨

　　西方民主制源自古希腊的雅典民主。雅典民主是在一个城邦中实行的很粗糙的民主。即使在这么小的一个城邦中，占人口大多数的妇女和奴隶都没有选举权和被选举权。只是由男性公民组成的公民大会，通过大声呼喊或投票，决定宣战与媾和、法庭终审等重大事宜。然而，这些拥有平等投票权的男性公民良莠不齐、贫富悬殊。他们投票作出的决定有时是相当荒唐的。例如，伟大的思想家和教育家苏格拉底就被他们认定为有"腐蚀青年思想"之罪，判了死刑。

　　苏格拉底的学生柏拉图对此非常怨恨，强烈指责雅典的民主制是"暴民政治"。柏拉图是比孔子晚生 124 年的大思想家，他在西方民主萌芽时期就看到了其内在的缺陷。他认为，人的智力、品行和能力是有差异的，而古希腊的民主制否认这些差异，让所有男性公民一人一票决定国家大事。这样的民主，有可能导致像杀害苏格拉底那种悲剧的暴民统治。

　　后世的思想家针对西方民主理念，也有过一些深刻的反思。主张"主权在民"的法国思想家卢梭，在《社会契约论》一书中有这样的分析：假设一个国家有一万公民，按主权在民的思想，每个公民可以享受到主权的万分之一；如果是十万公民的国家，每个公民只能享受到主权的十万分之一。依此类推，国家越大，人口越多，每个公民享受的主权就越少，民主效果就越差。卢梭本人没有找到解决国家越大、公民主权越少、民主效果越差这一难题的办法。无奈之下，他得出了悲观的结论，认为只有人口少、贫富差距不大的国家，才能建立理想的民主社会。另一位重要的法国思想家伏尔泰也认为，民主政体"只适合于非常小的国家。即使如此，也会出错"。

哈耶克是西方自由主义理论大师。他把民主严格界定为一种决策程序、一种政治手段，而不是终极价值。他说，只有人的自由，才是终极价值。在《通往奴役之路》一书中，哈耶克写道："我们无意创造一种民主拜物教。我们这一代人可能过多地谈论和考虑民主，而没有足够的重视所要服务的价值。"

哈耶克说得很有道理。西方社会确实有这样一些人，他们忘记了柏拉图的怨恨，也不重视民主所要服务的价值，只醉心于制造一种"民主拜物教"。

爱因斯坦的论断

爱因斯坦是伟大的自然科学家。但是很少有人知道，爱因斯坦还是了不起的社会科学家。他揭露了金钱对选举的控制，推进了人们对西方民主制的认识。

西方民主是靠资本的乳汁喂养的。换句话说，当今的西方民主，是资本主导的民主，是大金融财团控制的民主。西方民主的这种本质，早就被爱因斯坦批判过了。他在《为什么要社会主义？》这篇文章中写道："私人资本趋向于集中到少数人的手里……这样发展的结果，造成私人资本的寡头政治，它的巨大权力甚至连民主组织起来的国家也无法有效地加以控制。事实的确如此，因为立法机构的成员是由政党选出的，而这些政党要不是大部分经费是由私人资本家提供的，也是在其他方面受他们影响的，他们实际上就把立法机构和选民隔离开来了。结果是，人民的代表事实上不能保护人民中无特权的那一部分人的利益。此外，在目前的条件下，私人资本家还必然直接或间接地控制着情报和知识的主要来源(报纸、电视广播、教育)。因此，一个公民要得出客观的结论，并且理智地运用他的政治权利，那是极其困难的，在大多数场合下，实在也完全不可能。"爱因斯坦关于西方民主是"私人资本的寡头政治"的论断一语中的，西方民主的任何一个环节，都可以证明爱因斯坦的正确论断。

比如，民主的前提是人的平等，而人的平等必须以人的独立性为基础。资产阶级革命打破封建等级制，追求人的独立和自由，这是很好的。问题是，资本主义社会的大多数人真的有独立性吗？马克思曾一针见血地指出，在资本主义社会，人的独立性是"以对物的依赖性为基础的"。马克思说的"物"，就是生产资料和金钱。如果社会上大多数人没有生产资料，没有足够的可以自由支配的金钱，他们的独立性就是虚幻的，因为他们必然要依赖拥有"物"的少数私人资本家。金钱决定一切的冷酷现实已经使民主的前提荡然无存。

再比如，民主的本意是"人民做主"。但西方民主从投票选举、组成政府，到制定和执行法律、政策，真正做主的从来不是人民大众，而是少数金融寡头。以西方的选举为例，所有参选总统、州长和议员的人，都要按规定缴"保证金"。如果在竞选中得不到一定的支持率，保证金要被没收掉。当然，如果是某个政党成员，其参选得到党的支持,政党会给予参选补助费。问题是一个国家有很多选区，政党给每个参选党员的补助费加起来是一个庞大的数字。除了财力雄厚的全国性大政党，一般小党是不敢参与全国逐鹿的竞选的。可见，仅仅是参选保证金这个关口，就把千百万平民百姓阻挡在组党参选的大门之外。

西方民主的选举过程都很长，开销也甚巨，这足以拖垮财力有限的政党，从而保证选举过程完全垄断在大金融寡头手中。在美国，真正能操控选举政治的大财团数量并不多。大选期间，"超级政治行动委员会"十分活跃，这种委员会可以无限额地接受捐款，为特定竞选人提供资助。这为大金融寡头操纵选举提供了十分便利的条件。

美国的民主制，实际上是金钱民主制，是爱因斯坦说的"私人资本的寡头政治"，美国的统治者对此心知肚明。曾经帮助威廉·麦金利赢得1896年总统大选的马克·汉纳就吐露了这种民主的要义。他说："要赢得选举，需要两个东西。第一是金钱，第二我就记不得了。"

美国总统几乎成了富豪们的"专利"。有人把首任总统华盛顿说成是一个出身卑微的农民。其实，华盛顿的父亲是大庄园主，拥有1万多英亩土地和49个奴隶。华盛顿本人，也曾被《福布斯》杂志列为当时"美国400富豪"之一。第十六任总统亚伯拉罕·林肯经常说自己年轻时多么穷困潦倒，实际上他父亲是肯塔基地区的一个大地主，拥有600英亩农场和大量城区土地。

历史学家统计过，从1860年到2008年历次大选中，竞选经费占优的一方几乎都获得了胜利。例如，1860年大选，共和党筹得10万美元，民主党筹得5万美元，结果是共和党候选人林肯获胜。2008年奥巴马和麦凯恩对决时，民主党筹得6.41亿美元，共和党只筹得3亿美元，自然是奥巴马胜出，成为美国历史上第一位黑人总统。

美国的选举，已经成为比赛奢华的政治游戏，竞选经费不断创造新的纪录。1980年大选花费1.62亿美元，到1988年翻了一番，达到3.24亿美元。2000年，猛增到5.29亿美元。2004年再创新高，达到8.81亿美元。2008年美国大选，足足花掉24亿美元。

对于捐款选举的大财团来说，选举过程就是投资过程。风险肯定是存在的，但回报会很丰厚。某个政党的候选人一旦当上总统，就会立即回报他的金主恩人。最直接的手段是官职分配，按政治献金的多少，把大小官位分配给各大财团。在美国，1953年到1980年的几届政府中，担任过国务卿、财政部长和国防部长等重要职务的有23人。其中，有18人是大公司的董事长、总经理或高级董事，其他5人是大牌律师。杜鲁门总统任命的120名高官中，49位是银行家和实业家，其他人也都与大财团关系密切。艾森豪威尔首届政府中，共有272名高级官员，主要来自86家大公司。

议员当选也要报恩，西方国家的议会运作机制就是为了方便议员报恩设计的。以美国为例，法案要进入议会议程，首先要经过议院的常设委员会。有利于大财团的法案会优先得到审议和通过，不利于大财团而有利于人民大众的法案往往会被无限期推延。这种常设委员会的组成人员不是选举产生，而是根据各政党的实力，也就是根据各大财团的实力进行分配。有了这样的运作机制，就可以使大财团的利益得到国家法律和政策的保障。

各国议会对法案的审议和通过时间往往设有期限，目的也是为了预防不利于大财团的法案获得通过。大财团之间存在着利益冲突，这种利益冲突就自然反映在议员们的争斗之中。有时候，不利于某个大财团的法案会冲破常设委员会的关口，提到议院大会上进行审议。这种情况下，这个大财团豢养的议员们就会用辩论和投票的诡计打掉这个法案。

按照议会规则，法案审议通过有时限，但对议员的演说和投票时间没有限制。1908年，参议员拉福特为了反对一个法案，连续演讲了18小时，他的一个同党议员也连续演讲了12小时，使该法案因超过表决时限而被废。日本议员除了马拉松式演讲外，还创造了"牛步投票法"，用来反对他们不喜欢的法案。他们利用议会没有限制投票时间的规定，把前往投票点的脚步放得奇慢，甚至一个小时才往前走一步。这样一来，往往是超过了法案审议截止时间，他们还没有投票。

如果报答大金融财团的法案难以通过，实行西方民主的政府甚至会动用残暴手段来强制通过。1960年5月，日本与美国修订《日美安保条约》，遭到日本人民抗议和反对党抵制。执政的自民党就指使其议员挑起同反对党议员的冲突，政府随即出动500名警察，强行把反对党议员赶出议会大厅，由清一色的自民党议员审议。仅用15分钟，《日美安保条约》就获得了通过。

西方民主的困境

西方民主制是人类政治文明探索过程中的重大成果，它帮助西方国家最早实现现代化。然而，我们在肯定西方民主历史价值的同时，必须记住这样一个事实：西方民主的黄金时代，是同这些国家在世界上的霸权地位紧密相连的。在此前的一两百年历史中，西方国家拥有强大的经济实力和军事实力，独占了国际话语权。它们几乎可以随心所欲地塑造世界秩序。这种强势地位，使这些霸权国家的统治阶级可以攫取世界财富，垄断地球资源。他们从超额利润中拿出一小部分，去笼络国内民众，去打造福利社会，去美化议会制民主，并将其推向世界，以图永久主导人类社会发展方向。

强权政治认为，富裕之邦必是真理之地。但是，假如他们不能像以往那样在海外捞取超额利润，就会遇到无穷无尽的麻烦。支撑西方民主的财富根基在许多地方已经崩塌。实体经济"空心化"，政府和国民沉迷在虚拟经济中。休闲美食的福利一样不能少，流汗辛苦的活儿绝对不想干。为了骗取选票，政客们的空头许诺花样翻新，把选民胃口吊得越来越高。但是，胜选执政多少要兑现一些承诺。没有钱怎么办？美国、欧洲和日本都在大印钞票，大借国债，用饮鸩止渴的办法维持"美妙"的西方民主制。事到如今，西方民主的"普世价值"不但不能自圆其说，而且深深陷入危机之中。

"普世价值说"宣称，只有一人一票竞选才算民主，才具有合法性。事实又如何呢？且不说许多选票是操纵在大财团手中的，就算真是选民一人一票选出来的总统，也不表明他得到多数国民的支持。以美国为例，1960年总统选举中，只有62.8%的选民参加了投票。到1964年，投票率降为61.9%，1968年为60.8%，1972年为55.2%，1976年为53.6%，1980年为52.6%，1988年为50.2%，1996年为49.1%。总体来看，参与投票的选民只勉强过半，竞选胜出者只是得到这一半选民中的一部分人支持。2004年小布什胜选，获得51%的选票。但是，考虑到当年实际投票率不高，实际上真正支持小布什当总统的，只占全部选民的30%左右。一个大国的总统和政府，仅得到这么少的国民支持，它的合法性何在？如此畸形的民主也配称为"普世价值"吗？

制衡和监督本来是民主的必要条件，但美国的权力制衡重重叠叠。总统、参议院、众议院三家之间往往相互拆台，参众两院内，两党也彼此对立，根本不能集中力量办大事。我们看到，即使美国的车轮已经走到"财政悬崖"边上，两党议员和总统还在打口水战。这种恶质化的政党竞争和三权制衡怎么可能实现良好的社会治理呢？

"普世价值说"宣称，只有实行西方民主，才能防止腐败。这是骗人的鬼话。西方民主制有着内生的腐败元素。意大利曾出现三任总理和 361 个内阁成员全是腐败分子的情况。在最"民主"的美国，前几年的党派之争，把国会游说集团涉及政府腐败内幕的冰山一角暴露出来。如果追究下去，可能伤及美国的政体和国体，刚刚开始的相互揭露便戛然而止。

从本质上说，西方民主中的政党竞选就是一种合法的腐败。政客和财团之间有一条割不断的金钱脐带。财团拿金钱给政客去收买选票，以竞选总统、州长或议员；胜选者又用官位、优惠政策和项目承包等回报财团金主。这种大规模的、长时间的权钱交易，不是人类社会最大的腐败吗？

历史发展到今天，西方民主的光环正在世人眼中暗淡下去。就是在西方国家，也有不少有识之士猛然醒悟。他们记起了柏拉图的怨恨，记起了爱因斯坦关于"私人资本的寡头政治"的论断，对西方民主的恶质化痛心疾首，试图提出一些克服西方国家社会危机的改革设想。应该说，这是一个具有世界意义的积极现象。

（《求是》2013 年第 8 期）

西方的民主制度是放之四海而皆准的吗

■ 詹得雄

泰国政局因为无休无止的街头抗议而混乱不堪。令西方一些政治观察家皱眉头的是，在曼谷街头游行的人不是争取"一人一票"的西方式民主，而是反对"一人一票"。因为英拉的为泰党及其前身，一贯照顾北方农村地区的贫苦农民，而农民在人数上占多数，所以，如果"一人一票"地选举，为泰党总是赢，而反对派则无法上台。反对党声称，表面上看英拉和她的哥哥他信是照顾农民，实际上是用小恩小惠来巩固自己的选票资源。他们指责他信利用农民来维护自己的政治地位，要求先"政治改革"再举行选举，这实质上是要否定"一人一票"，而由各行各业的精英组成"人民议会"。

但是，"一人一票"是西方民主的金科玉律，在西方人眼里是民主的命根子，怎么能否定呢？于是就引出了一些根本性的问题："一人一票"合理吗？会不会带来"多数人的暴政"？西方式的民主制度完美吗，是放之四海而皆准的吗？

西方民主理想与现实的脱节日显严重

西方民主思想的源头可追溯到古希腊，那时在一个城邦小范围内有可能实行奴隶主和自由民的直接选举民主，但没能长期坚持下去。后来资产阶级启蒙运动的思想家把它理想化，变成了一个完美的构想：每个公民都是理性的，他们一定会理性地投下自己庄严的一票；而当选的人自然会大公无私地代表选民的利益而尽心尽责；没当选的人也会心悦诚服地服从当选者的领导，做负责的反对派，在议会里参加理性的讨论；权力的移交自然也不会有阻力。如果真的能做到这么理想的程度，天下何愁不太平？事业何愁不兴旺？

令人惋惜的是，这种理想的民主制度即使是在西方发达国家，也从来没有实现过，而人们看到的现实是，近些年来西方国家民主理想与现实的脱节叫人惊恐。黑金政治、政党恶斗、只顾眼前利益不顾将来长远利益等等毛病已是公开的秘密。难怪时任美国国防部部长的利昂·帕内塔2013年2月13日就议会的恶斗愤怒地对记者说："我过去总感觉，国会领袖以及无论哪位总统，当涉及这个国家面临的重大问题时，都愿意合力解决那些问题。总是有一些界线……我认为，眼下的状况太卑鄙了。"

美国《外交》杂志2013年1—2月号刊登著名专栏作家法里德·扎卡里亚的文章《美国还有救吗？》，他写道："正如经济学家曼瑟尔·奥尔森所说，（美国的）问题是现行政策有利于热心维持现状的利益集团。改革要求政府必须将国家利益置于这种狭隘利益之上，而这在民主国家里越来越难做到。"

奥地利《标准报》2012年12月22日刊登题为《精疲力竭的民主政体》一文说："在越来越多的欧洲人看来，作为国家形式的民主政体——其权力来自于人民——已经不复存在。权力不再来源于人民。人民虽然还被要求参与选举，但这与是否意味着确实有选择的权力无关。"现在的实际情况是：选民一人一票（当然经常有大批人不去投票）选出了议员，合法地组成了一个政府，但这个政府是为了小集团服务还是为广大选民服务，选民就管不了了，顶多等下次再来投一次票。这种办法确实叫人失望，但在西方一时还找不到更好的办法来代替它。

名义上的民主有可能酿成意想不到的恶果

实行民主政治的前提是社会上必须有公民意识和法制意识，其中最重要的是要有互相妥协的精神。如果谁也不想妥协，又视法律为儿戏，这一派强调宪法的这几条，那一派强调宪法的那几条，谈不拢就上街用暴力相威胁，那么所谓"社会契约"就是一张废纸。健全的社会需要法制，而法制需要遵法的意识。虽然泰国的民主实践已80多年了，迄今看来还是处于既超前又落后的状态，完善的过程仍然很艰难。

回顾历史，世界上曾有一些实例告诉人们：如果做事一味地理想化，希望一朝一夕就在人间建起理想的天堂，结果却往往会堕入地狱。2014年是第一次世界大战爆发100周年。第一次世界大战结束后，战败的德国成立了魏玛共和国，制定并实行当时欧洲最先进的《魏玛宪法》，当时一些人认为，德国从此将从失败的废墟上崛起，并成为世界上最民主、富裕的国家。

但是，事与愿违。有学者这样描述当时的情景："民主的《魏玛宪法》草拟出来，就像是为真正的政治打开了一扇大门，而德国人站在门口，目瞪口呆，好比一群乡下农夫来到了皇宫门口，无所适从，不知道该怎么办。"人们看到的是议会里不同意见的人相互谩骂，大放厥词，并在15年的时间里换了17届内阁，而议会外则是成千上万的人在挨饿。此后的历史是大家都熟知的，希特勒的法西斯势力利用了当时民众宁要安定、温饱不要民主的心理，从而掌握了政权。

这段历史告诉人们：民主并不等同于一纸宪法和"一人一票"，民主还要求其他很多条件。如果一味地把西方民主理想化，一下子把西方的民主模式照搬过来，只会给自己的国家带来动乱的恶果。这种事情在非西方世界的许多国家的历史上都曾经发生过。今天，名义上实行西方民主的国家很多，但极少是成功的。美国用武力在伊拉克、阿富汗强行推行民主，迄今还是爆炸声不断，人民遭殃。看看那些毁了家园、丢了性命的人们，他们又能到哪里去申冤呢？

不能只讲民主不讲集中

彭博新闻社2013年5月22日发表的一篇署名文章说："现代历史就是发端于英美的自由民主制如何在世界各地传播的历史。这听起来或许荒谬。事实上，这种自由主义的发展故事是西方大多数报纸社论、政治评论和演讲的基调，同时也是在非西方世界影响人们看待政治发展的宏观观点。"奥巴马在他的第二任期的就职演说中说：
"我们将支持从亚洲到非洲、从美洲到中东的民主政体，因为我们的
利益和良知迫使我们代表那些渴望自由的人采取行动。"

在西方这种长期的话语霸权下，今天世界上已形成了"悠悠万
事，唯民主为大"的语境。这是为西方的"人权外交"服务的，目
的是建立美国式的霸权。似乎当今世界唯一的问题是民主，只要民
主了，其他一切就都迎刃而解了。如果你说不能只讲民主，也要讲
集中，马上就有人指责这是"独裁"、"专制"、"野蛮"。现在到了该
正本清源的时候了。

人类基本的问题是要吃饭，要生存，要安居乐业。在废除了封
建统治之后，理所当然的是要由人民当家作主，这在理论上没有疑问。
问题是怎样在实践中实现人民当家作主？是不是每个问题都来个"全
民公决"？西方资产阶级掌握政权后，自称代表全民利益，创造出
了多党议会民主和三权分立的政治架构，这是历史的进步，同时也
带有历史局限性。人们逐渐发现："美国国会，现代世界上民主选举
产生的国家立法机构的化身，现在不经过控制着国会议员们的竞选
财源的公司游说集团等特殊利益的许可，就不能通过法律。"① 这样的
议会怎么能代表全体人民的利益呢？今天西方各国缺的是一个能为
人民长远利益、全局利益服务的比较稳固的领导核心，而现实是一
批批走马灯似的政客。

但是，西方国家凭借自己的军事和经济优势要人们相信：西方
国家的强盛全是拜西方民主所赐，西方民主是终极真理，西方国家

---

① 参见美国前副总统艾尔·戈尔：《未来：全球变革的六项驱动因素》。

的天赋使命是把西方民主推广到世界每个角落。

每个国家在文化传统、人口构成、宗教信仰、经济发展水平、法制意识等方面都各不相同。这决定了各国在建立和完善民主制度方面都会有自己的特色，要一步一步来，原则是在保持社会秩序大体平稳的情况下，逐渐扩大民主，提高公民意识，进入良性循环。有人认为，泰国目前的混乱只是必须付出的"民主的成本"。这种说法太轻飘飘了，有点隔岸观火的味道。中国民主政治实践的经验证明：民主集中制是最合适、最有效的，我们要十分珍惜它，坚持它，完善它，完全不必在乎别人说三道四。

什么是民主的合法性？

西方许多政客一直把自己置于道德的制高点，自封为判官，今天说这个国家不民主，明天说那个国家不自由。在他们看来，中国因为没有实行多党议会民主，所以中国的政权是不合法的。西方也有头脑清醒的人，例如英国经济学者、《当中国统治世界：西方世界的终结与世界新秩序的诞生》一书的作者马丁·雅克2012年11月2日写道："你可能认为，一个国家或政府的合法性或权威性几乎全是由西方式的民主功能所带来的。但是，民主仅仅是其中一个因素。民主本身并不能保证合法性。"他举例说，现在西方有许多国家频繁选举，似乎程序上是合法的，可是相当大比例的民众不信任政府，合法性又体现在哪里呢？

有些学者一直在探讨政府的合法性究竟体现在哪些方面，他们大致归结为 5 条：第一，这个政府是否有号召力，提出奋斗目标，并得到大多数人的拥护？第二，国家经济发展满意度高不高，老百姓生活是否改善或有改善的前景？第三，文化传统是否有利社会的和谐和理性处理社会矛盾？第四，大多数人在自由和秩序方面的感受如何，是否觉得自己是社会的主人和平等的一员？第五，政府是否能体察民情，并及时、妥善地回应老百姓的要求？

由此看来，合法性并不仅仅取决于这个政府是否是"一人一票"选出来的，更多地取决于政府是否能用政绩来换得人民的心悦诚服和拥护。

西方不得不对中国特色民主刮目相看

泰国的乱局让西方感到不安，他们担心人们不再相信西方民主。英国《每日电讯报》网站 2014 年 1 月 27 日的文章说泰国的乱局是"凶兆"。作者说："泰国可能是一种全球现象的表现之一：脱离西方式的自由民主，转向新的政治模式，尤其是实施国家资本主义的亚洲一党制专制国家。"作者问道："如果是一个发展中国家——尤其是在亚洲——你会选择什么样的政治模式呢？是失败的法国、衰弱的英国和萎缩的美国那样的西方民主模式？还是不负众望的中国和新加坡政治类型？"

马丁·雅克也说："中国政府是一个相当称职的机构，而西方国家的政府大有改进的必要。它们或许民主，但是它们的治国之道依旧业余到令人无法理解的程度。"

现在西方很多学者醒悟到，再也不要以西方习惯的固有的方式衡量中国了，马丁·雅克说："就中国的个案来说，其国家政权的合法性完全建立在西方式社会历史或经验之外。"

美国政治智慧库尼古拉·贝格吕昂说："西方国家应当对中国文化、中国道路和中国所取得的成就给予更多尊重，不应强行向中国推销不同的政治制度。"

可惜，这些看法现在不是西方的主流意识。西方国家的某些政要有时口头上也说尊重多样性，尊重中国自己的选择，但实际上还在明里暗里挑动、扶植所谓的"民主人士"，寄希望于这些人在中国搞什么花、什么颜色的革命，以证明西方民主的唯一真理性。

我们的回答其实很简单：坚定不移地走自己的路，以人为本，不断根据实际情况完善民主治理，永远把人民的安居乐业放在第一位。至于别人学不学中国，那是人家的事，不取决于我们。他们要学，也只能根据自己的情况，无法照搬。英国《金融时报》网站2013年1月6日发表署名文章《美国可以借鉴中国经验》，认为中美之间应互相学习，文章建议美国："政府应当经常举行选举投票，调查选民的观点。不过，政府还应当组建由'智者'组成的委员会，负责在选举圈外制订长期计划。"

西方的民主偏见比无知更害人

有一句谚语说得好："偏见比无知离真理更远。"至少近20年来，西方很多人戴着"民主"有色眼镜来看中国，得出的结论令人啼笑皆非。他们以中国和印度为例，一口咬定："民主"的印度一定比"独裁"的中国好。

20世纪90年代初到2010年前后，印度经济发展速度确实大大加快，从3%左右的所谓"印度斯坦速度"上升到8%—9%。可是，令西方不解的情况似乎突然出现了。2013年5月27日英国《金融时报》网站发表文章说："不久前，印度国内有人喋喋不休地谈论，认为该国有可能超过中国，成为世界上增长最快的经济大国。但印度非但没有赶上中国，却反而开始倒退了。"客观原因当然是西方的金融和经济危机，但这样的外部条件对印度与中国来说是一样的，而两国的表现却有很大不同。这种情况给那些为印度"民主"大声叫好的西方人带来了难堪。英国牛津大学欧洲问题教授、美国斯坦福大学胡佛研究所高级研究员蒂莫西·加顿·阿什先生先是2014年年初在孟买的印度国际关系研究委员会发表了一次演讲，继续为印度民主叫好打气，继而在西方一些报刊上发表文章。西班牙《国家报》2014年2月7日也刊登了他的一篇文章，题目极为鲜明：《自由应当超越独裁》。原文提要如下："令人悲哀的是，全球最大的民主国家印度在经济增长率、通胀率、人均国内生产总值、失业率、预算赤字、腐败、透明度等诸多经济与社会指标方面，都不如世界上最大的独裁国家中国。"

文章开头是这么写的："为什么当今世界上最大的民主国家的发展情况显然不如最大的独裁国家？之所以用'显然'一词，是因为印度的现状和中国已经不可同日而语了，尽管任何自由的捍卫者都希望自由国家能发展得更好。"

阿什先生的语气真有点恨铁不成钢的味道。可是，阿什先生为什么对自己的"为什么"不探个究竟呢？比如，印度的"民主"真的那么好吗？中国现在真的是"独裁"吗？难道中国下决心改革开放，推出那么多新政策，今天又在转变发展方式，调整收入分配，建设美丽中国，这些都是"独裁"的结果吗？

曾经有许多人相信，只有西方式的多党议会民主才能解决腐败问题。笔者之所以坚信西方式的民主不能照搬到中国，得益于笔者在印度工作8年的见闻，领教了那里的多党议会民主。可以说，印度所有的政党都在纲领中宣称自己是为了人民的利益、为了穷人的利益。这样的宣言已经唱了60多年了，结果怎样呢？人民不需要一些政党在竞选时争着给他一块糖吃，而是需要有远见、有魄力、有权威的政治领导人能从根本上推行为全民造福的政策，从而使每个国民自己有钱买糖吃。

外人往往不知道印度的实情，而只听到西方的煽情宣传，说印度如何如何好，而中国又如何如何不如人家。例如，有人说印度人看病不花钱。我真感到惊讶。我在新德里时看到，公立医院看一些小病确实不要钱，就诊环境如何就不去说了，但那也只是在大城市。据2013年11月16日法新社报道，印度农村发展部长贾伊拉姆·拉梅什在新德里一个论坛上说："众所周知，印度的公共医疗系统已经崩溃……在印度许多贫困地区，公共医疗系统根本不存在。"

阿什先生给印度鼓气说："印度，加油！……印度必须在政治上击败中国。"真怪，按西方的逻辑，印度不是早在政治上击败中国了吗？何待将来？不过我也想说："印度，加油！"各国有各国的情况，各国要探索自己的路。印度的民主慢慢总会改善吧，虽然路很长很长。印度领导人也很有信心，印度财政部长帕拉尼亚潘·奇丹巴拉姆2014年3月4日在力挺预算提案时声称："什么也阻挡不了印度成为世界第三大经济体。我们将和美、中并肩而立。我们拥有实现这个目标的一切资源，但只有努力工作并尊重经济规律才能实现这一目标。"他还说："我们没有做蠢事的余地，也不能做任何不理智的事情。我们必须确保每个人实现自己预期的目标。"

中国与印度是友好邻邦，虽然有一些分歧和争端，但共同点也很多。鲁迅先生曾说过：印度"乃华土同病之邦矣"，"印度则交通自古，贻我大祥，思想信仰道德艺文，无不蒙贶，虽兄弟眷属，何以加之。"希望中国和印度在 21 世纪同时富强起来。

（《红旗文稿》2014 年第 9 期）

当代西方民主能否走出困境?

■ 宋鲁郑

如果从西方文明的源头古希腊算起,西方民主已经经历了三个发展阶段:以小规模社会全体直选或者抽签为特征的古典民主,以有限选举为特征的近代民主以及以全民普选为特征的当代民主。

无论哪个阶段,西方民主都受到不同制度和意识形态的挑战。古典民主在第一轮挑战中败北,并长达数千年成为西方主流社会的贬义词。直到英国革命、法国大革命、美国大革命,"民主"这个词语才慢慢翻身,日益在全球扩散。第一次世界大战后,达到近代西方民主的高峰。但不久即在全球经济危机的背景下,受到同样源自西方的法西斯主义和共产主义的挑战。应该说,这一轮挑战中,近代西方民主模式也失败退场了,当然也可以说不是失败,是为了应对挑战而自身演变,取而代之以全民普选为特征的当代西方民主。

以迄今为止的历史而言,当代西方民主在和苏式共产主义的竞争中,取得了胜利。然而,这场胜利还不到1/4世纪,西方民主却陷入了全面的困境。最浅显的原因正如《经济学人》在封面文章《民主出了什么问题》所总结的：一是 2008 年的金融危机；二是中国的崛起。

西方昔日优势已不存在

许多为今天西方制度辩护的学者认为，1929 年的大危机都挺过来了，2008 年的金融危机又算得了什么。

但当时的西方有几个今天所不具备的优势：一是还没有实行全民普选，政治精英仍然能够独立和较为迅速地进行决策。二是还没有建立福利制度，其产业竞争力和效率依然强大。不妨看看今天的欧盟，人口仅占世界的 9%，GDP 只占世界的 25%，但福利开支却占到世界的 50%。如此健全的福利，其代价必然是效率低下和成本高昂，后果则必然是国家丧失竞争力。三是西方仍然有大量的海外殖民地，不仅可以继续掠夺资源，也还可以转嫁危机。四是西方仍然垄断国际资本、工业品的生产和技术，仍然垄断原材料的定价权。

但 2008 年金融危机时，西方昔日的优势都不存在了。第三条优势的破灭是历史进步，第四条优势的渐渐丧失则是由于中国的崛起（中国对外贷款超过世界银行、中国已成为世界第一制造业大国，而且物美价廉、中国的需求令原材料国家有更多的选择）。但第一和第二条则完全是西方自身的因素。

西方民主发展到全民普选有其不得不为的压力以及在这种前提下的历史合理性。当年的西方，在重重危机的压迫下，在苏联不同意识形态的激烈竞争下，也只有通过全民普选来化解。

让民众有权力参与政治，当然不是坏事，但从精英票决民主转变为大众票决民主，不是增加票数这么简单。一个最根本的不同在于，政治权力的独立性丧失。在有限选举阶段，鉴于选举成本不高，资本对政治精英的影响还不是决定性的。但现在大众民主时代的到来，不仅政治要受民众、甚至民粹制约，也由于选举规模扩大和成本的几何增长，对资本空前依赖。这就是2008年危机的制度性根源。

2008年的危机导火索是次贷危机。次贷危机的逻辑是穷人有房住，资本有利润。对于政治人物来讲，哪一方都开罪不起。尽管危机前有相当多的学者都发出预警，美联储的掌门人格林斯潘也并非颟顸之辈，但正如他后来在国会作证时所讲的：我能让穷人失去房子，银行破产吗？

后来危机蔓延到欧洲，成为主权债务危机。所谓主权债务危机，实际是高昂的福利制度造成的，而高昂的福利制度则要拜民主制度之赐。选民希望迅速兑现更好的生活是人之常情，但政治人物岂能为了胜选轻率迎合选民，甚至不断竞相加码？！结果福利就以远超国家承受能力的速度上升。由于政党轮替，这种危机就如同击鼓传花，如果没有美国的金融危机打乱"鼓点"，欧洲各国的"花"还会持续传下去，直到纸里包不住火为止。

我们如果看一下欧美这些民主国家，就会发现一个共性：个个负债累累。欧盟各国平均都在90%以上，美国超过100%，日本超过240%，而且仍然在上涨。显然，不论是借债搞福利，还是借债维系消费，都是不可持续的。如果找不到解决之道，它们就是明天的希腊。

从制度的角度讲，这是结构性矛盾，是无解的：因为选民不会同意削减福利，也不会同意增加劳动时间（反对延长退休），资本也不会同意增加税收。大家可能还记得，加利福尼亚州是美国第一大经济体，在世界名列第八，但却长期负债累累，处于破产的边缘。原因很简单，每次举行公投，只要是增加福利的提案全部拥护，对于增加税收的提案全盘否决。美国是全球最发达的国家，加州又是美国最大经济体，选民的素质之高恐怕要冠全球，其表现也不过如此。

突破制度局限的几个例外

当然，即使是票决民主全面铺开的西方国家，由于历史、文化和民族特性等缘故，制度及其灵活性多少有些不同。从现实来看，仍然有西方国家突破了"民主制度"的局限。

一类是小国，抓住不同的"机遇"改革制度，这又以冰岛和希腊为不同的代表。

冰岛破产后，立即以公投的方式赖债不还，然后货币贬值，进行改革。应该说，效果也不错，几年后也就走出了危机。

希腊由于是欧元区成员，既不能赖账也不能贬值。唯一的办法只能是从欧盟得到援助。但欧盟在援助的同时，也开出极其苛刻的条件。于是在欧盟的巨大压力下，希腊不得不进行艰难的改革：减少福利、削减公共开支、缩减公务员规模等等。后来葡萄牙和西班牙也属于类似情况。即在外部强大外力下，才能顶住选民和资本的压力进行真正的改革。当然这个过程中，是此起彼伏的抗议、示威甚至演变成暴力抗争，社会自杀率也极速攀升。

另一类是大国，具有一定的政治和文化传统（希腊这样断档的古国没有多少现代意义上的政治传统可言），甚至形成了"特殊国民性"。这又以英国和德国为不同代表。

英国的特色是政客敢于用铁腕对付民众，而且不用承担什么后果。20世纪80年代英国号称欧洲病夫。结果撒切尔夫人上台以后，立即大刀阔斧进行改革：向工会开战、大幅削减福利和政府开支。当时有364名经济学家联名发表公开信，呼吁改变经济政策。但撒切尔夫人依然故我，不为所动。当面对抗议和示威之时，她毫不手软地镇压：在长达一年的矿工罢工中，1.13万工人被逮捕，9人死亡，其中包括3名青少年。

有一件事不得不提，由于减少教育开支，撒切尔夫人的母校牛津大学异乎寻常地通过教员投票后决定不向她颁赠荣誉学位。而这个荣誉学位一向都是赠予曾在该校受教的首相的。

应该说，撒切尔夫人的运气很好，在她遇到全民反对之时，马岛战争爆发。战争的胜利为撒切尔夫人的改革赢得了时间，随着改革成效的显现，她也成为历史上执政最长的首相之一。但改革的负面效果同样明显，例如英国铁路私有化后，票价贵，速度低，设备更新缓慢。那么有没有可能改回去呢？暂时看来没希望，英国政客的铁腕恐怕不会用来对付私人资本。

2008年金融危机也严重冲击了问题类似的英国。首相卡梅隆又施行了类似的紧缩政策，结果引发一场震动世界的伦敦骚乱。今天的卡梅隆不输当年的铁娘子，也是铁腕以对，大肆抓捕两千多人，而且还实行连坐：一个家庭有人参与，全家就要被从政府控制的廉租房赶出，甚至打破司法面前人人平等的原则，下令法官严审重判快判。于是各地的法院几乎以 24 小时连轴转的方式来审理案件，很多案件都是"一眨眼"的工夫就审完了。律师没有机会和被辩护者长谈，而绝大多数的被告都是未成年人。面对经济危机，英国立刻就把民主制度的基本原则抛弃而采取非常规措施。

德国则是另一种类型，在某些关键时刻，政客能够以国家利益为重，超越党派政治。20 世纪末和 21 世纪初，德国也有成为欧洲病夫之虞。德国总理施罗德上台以后就着手进行削减福利的改革，结果他自己在抗议声中败选下台。默克尔时代后来的增长很大一部分得益于施罗德时代的改革。施罗德宁愿得罪民众，甘作对手的嫁衣，也要推进改革，这在西方是极为罕见的。而继任的总理默克尔没有顾虑是否会步施罗德后尘丢失选票，而是萧规曹随，继续坚持施罗德的改革政策，更是出奇。今天的德国，没有最低工资制，1/4 的受薪者月收入仅仅 500 欧元（法国最低工资是 1300 欧元左右），不得不找多份工作维持生计。这就是德国奇迹的背后。

任何事物都有普遍性和特殊性，显然并不是每个国家都能成为英国或德国。对于大多数国家而言，民主制度的决定性影响和结构性矛盾仍然是问题的根源，通过改革制度谋求突破的难度很大。到现在为止，西方也依然没有找到解决之道。

西方民主的退化

民主制度除了结构性矛盾以外，还有一个退化问题。从历史的角度讲，任何制度产生之后，随着时间的推移，都会发生此类现象。西方先哲亚里士多德曾按统治者人数的多少划分了三个政体：君主制、贵族制、民主制。他在分析各种制度优缺点的同时，也指出君主制可退化为僭主制，贵族制退化成寡头制，民主制退化成暴民制。以西方社会最发达的美国为例，它的退化现象一是金钱的重要性日益增大；二是裙带和家族政治日益突出；三是政党利益高于一切，政党恶斗成为惯例。

美国是一个很年轻的国家，完全是从一张白纸上建立起来的。应该说，相对而言，那个时代机会对每个人都是公平的，哪怕没有受过良好的教育，没有背景，但只要努力，也有不小的机会成功，甚至可能成为总统，林肯就是最典型的例子。然而 200 多年过去了，这一切都发生了改变。

2010 年，美国最高法院取消了对公司政治捐款最高额的限制，如今，还取消了个人向候选人和政党捐款的最高限额。正如《金融时报》所评论的：在一个不平等程度较低的社会，这么做的负面影响将是有限的。但在一个顶层 1% 人口占据全国财富 1/3 以上的经济体里，这么做会侵蚀共和体制。它进而举例道："近期，几位有希望成为总统候选人的共和党人长途跋涉前往拉斯维加斯，拜访了博彩业亿万富翁谢尔登·埃德森"，而这位富翁希望政府禁止在线赌博业务，以免危及他那庞大的线下博彩帝国。

另外一个醒目的例子是对冲基金业亿万富翁汤姆·斯泰尔，他计划出资 1 亿美元，支持在即将到来的中期选举中承诺应对全球变暖的候选人。他的目标是左右全国辩论，以确保美国总统巴拉克·奥巴马拒不放行从加拿大修建石油管道的提案。而 1996 年，那时比尔·克林顿差一点违背法律、让出手大方的捐赠者在白宫的林肯卧室留宿。

金钱与政治的联姻，一个后果就是家族政治的崛起。《金融时报》称2016年大选如变成希拉里·克林顿与布什之争，那一点儿也不会出人意料。过去9次总统大选中，有7次出现过来自布什家族或克林顿家族的成员。下一次大选之后，数字可能变为10次中有8次。

美国的政党恶斗，可从美国民众对国会的满意度只有14%中可见一斑（据盖洛普民调）。美国讽刺杂志《洋葱》最近发表的一篇封面文章，题为《新民调显示美国人民宁愿接受近亲死亡也不愿支持国会》。颇有"时日曷丧？予及汝皆亡"之感。

作为曾经创造人类先进文明的西方世界，政治体制改革是唯一的出路。只是时间留给它们不多了。再过6年，中国就极有可能成为全球第一大经济体，到那时对西方制度的无形挑战和撼动恐怕将超过这一场经济危机。再过30年，伊斯兰社会将通过超高的出生率和一人一票的民主制度而取代西方文明。这一点，西方的学者倒也是有着清醒的认识。

《华盛顿时报》专栏作家Tony Blankley在《西方最后的机会》一书中认为，在一代人时间里，欧洲将变成"欧拉伯"，并对美国产生超越纳粹德国的威胁。他进而呼吁要像1940年代战争时期一样，采取极端措施：强化宣传、媒体审查、言论控制、搜寻颠覆者、祖籍是敌对国国民的监禁和限止旅游，以拯救西方的民主。此书得到了基辛格的高度评价。

Patrick J.Buchanan，曾担任过三任美国总统高级顾问、两度竞选共和党总统提名，在他被誉为最好的著作《西方的灭亡》中写道：

1960 年代，欧洲裔白人占世界的 1/4，到 2000 年，变为 1/6，到 2050 年，就将只有 1/10。这是一个正在消失的人种。结论是由于欧洲和美国崩溃般的出生率、大量的移民入侵，西方正在死亡。此书的第一句话就是如此的震撼人心：我们正失去我们自己在这里成长起来的国家。即使不考虑人口的变化、替代，在施行西方民主制度的国家中，族裔因素主导选票流向的例子也并不罕见，严重时甚至可能因选举激化矛盾而撕裂社会。

另外，还有一大因素令西方民主的前景十分暗淡：面对地球资源的有限性和庞大人口的压力，西方民主不但束手无策，甚至起到推波助澜的作用。一方面，民众（也是人类）的贪婪本性在民主制度下得到了极大的放大。美国 6% 的人口却消耗了世界 35% 的能源。另一方面，握有选票的选民能够否决任何计划生育政策，印度的人口爆炸就是一例。这些在民主制度下都是很难甚至根本无法改变的。在地球还拥有充足资源的时候，这种制度的弊端还不明显，也不致命，甚至这种人口张力还能推动科学发展，但到了今天，则很可能到了难以持续的程度。也就是说，人类资源的有限性也已经决定了西方这套民主制度被淘汰的历史命运。

总之，西方要想度过眼前的危机，最根本的是要想办法遏制资本的干预，以及大众的贪婪和非理性。未来的命运则取决于是否有办法同化不同种族的价值观，或者在无法同化的情况下，如何避免他们取代西方主体文明。从人类未来的角度还要加上一点，如何让那些实行西方"民主"制度、人口负担过重的国家能够实行计划生育。而这一切都归结于当代民主制度的普选设计上。当然，改革西方民主制度，不等于没收投票权，回到歧视性的西方"老路"上，只是必须形成高效的调节机制，平衡资本与民粹。还有一点非常重要，当民主制度无法解决问题时，它还缺乏退出机制。昔日皇权制度搞不下去，可以走向民主。但民主制度失灵之时，它却走投无路。看来，这才是为什么牛津大学教授在《华盛顿邮报》2014年3月29日发出这样的悲鸣：美国民主正在重蹈雅典的覆辙。

（2014年4月30日《参考消息》）

几个流行的民主化理论命题的证伪

■ 杨光斌

近年来，一些国家的民主化进程，如埃及、泰国、乌克兰，正在挑战着我们已经习以为常的、甚至被当作圣经的民主化理论命题，诸如公民社会是民主政治的前提和基础、中产阶级带来民主、民主有利于民族和解。

很多人习惯在"元叙事"上看民主，把一个国家的好坏都归因于民主。我们应该更专业地看待这个实在是太重要的现实问题，为此就需要以更敬业的态度去了解一个国家的历史与现实。

埃及民主化悲剧与"公民社会是民主政治的前提和基础"

公民社会与民主政治的正相关关系应该来自托克维尔的《论美

国的民主》，他把活跃的乡镇自治和发达的公民团体的活动本身视为民主。但是，所有热心于民主化的人似乎都忘记了托克维尔的"民情说"，美国所以能如此，是因为其地理位置、法治精神和公民守法而又关心公共事务的民情。换言之，一个可能的反论是，没有这种性质的民情，即使有了公民社会，这样的公民社会与民主何关？

其实早有答案，只不过很多人只是选择性地相信既有的智识成就，比如普特南在《使民主运转起来》中所讲的南部意大利的基于庇护关系而形成的"弱公民社会"并不利于民主治理。普特南这样的研究被埃及民主化悲剧所强化。其实，塞缪尔·亨廷顿早在其《文明的冲突》中就对所谓的公民社会组织即穆兄会抱有警惕，认为这种社会组织不利于民主。但是，美国制定"大中东计划"的民主理论家和政治家置此于不顾，当2011年突尼斯、也门、利比亚、埃及、叙利亚等国发生政治事变之后，马上给予一个浪漫的封号"阿拉伯之春"。结果，以"阿拉伯之冬"收场。尤其是埃及政治，靠公民组织主导下的选举而上台的穆尔西政权，其政策甚至比威权主义的穆巴拉克更专横，结果城市中产阶级转而又搞大规模的街头政治。但这次中产阶级的街头政治要的不是民主，而是军政权。

埃及的现实告诉我们，公民组织是重要的，因为任何一个社会都需要一定程度的自治，任何政府都不可能管理好老百姓的所有日常事务。但是，公民组织的自治不等于民主政治本身，公民组织自治是地方性的，即地方或社区的公共性，而民主政治是全国性的，即全国的公共性，二者之间不存在简单的因果关系，更不能画等号，其中公民社会的"民情"或者说这个社会的根深蒂固的文化传统决定了公民社会与民主政治的样式和走向。

泰国政治难题与"中产阶级带来民主"

摩尔在《民主与专制的社会起源》中有一句"没有资产阶级就没有民主",成为西方民主化理论的金科玉律。于是乎,西方民主化的经典理论就变成:经济发展推动工业化和城镇化,工业化催生了中产阶级,中产阶级自然要求民主。这是西方人根据自己的历史而给出的一个高度抽象和简单化、因而也是有违其自己历史的民主化教条。西方民主化历史的真相是,资产阶级革命带来了精英民主,这不用质疑,但精英民主和革命前的贵族制、寡头民主也没有多少区别,而真正民主化的到来则是 1848 年二月革命以后的事,最迟也是 1871 年巴黎公社以后的事,大众民主从此到来。也就是说,即使是欧洲的民主历史,也不是民主化教条理论所说的那么简单。因为理论的简单化,而简单化的理论必然有违历史本身,以至于就连亨廷顿这样的"先知先觉者"在《第三波》中也沿着摩尔的路线得出所谓"中产阶级带来民主"这样的命题。

而泰国的政治难题告诉我们,恰恰是城市中产阶级,构成了民主的反对力量。他们不停地搞街头集结,不推翻民选政府决不罢休。更为可笑的是,因为泰国的中产阶级占人口的 30%,他们提出了极端荒谬的政治主张:70% 的国会议员和官员靠任命,30% 的靠选举。在泰国这样一个城乡两极的社会结构中,中产阶级成为少数,必然是人头政治的输家。因此,此中产阶级非彼中产阶级,而中产阶级的政治诉求取决于其所处的社会结构,中产阶级与民主没有必然联系。

泰国是"没有资产阶级就没有民主"的反面教材。其实泰国并不特别。大量的历史和既有的研究已经告诉我们，有财富的阶级喜好自由，自由带来财产权，而且喜欢用脚投票，即哪里环境自由、哪里能发财就到哪里去，他们特别不喜欢一人一票的靠数人头的民主政治。什么人喜欢人头政治呢？什么人喜欢平等呢？当然是下层阶级、穷人和无产者。也正因为如此，西方政治思想上的主流理论一直是压制、妖魔化作为大众权利的民主的，托克维尔说的"多数人暴政"就是讲民主弊端的可能性。但是，当西方的大众、美国的黑人有了选举权以后，又没有出现托克维尔所担心的穷人对富人的合法剥夺，原因何在？在于宪法，在于法治，在于苛刻的制度安排，使得大众即使有了民主选举权也不能实行不利于富人的政策，民主变成了穷人4年一次的"嘉年华"，富人的隐忧消失了，穷人的心灵也得到了抚慰。

乌克兰悲剧与"民主有利于民族和解"

印度之所以是印度，即多民族、多种族的印度之所以能成为一个国家而不是四分五裂，就在于印度实行了民主政治。这是西方人最为津津乐道的。其实，印度之所以是一个统一的印度，还可能有更多其他的、更为重要的历史背景和政治原因，而不能简单地归因于代议制民主下的联邦制。一个更大概率、甚至普遍性的规律：正是由于民主运动，一个又一个新生国家诞生了。联合国成立时只有40多个会员国，而今天则有200多个，其中民主化运动居功至伟。这是因为，民主主义和民族主义一开始就是一对孪生兄弟，民主化催生了欧洲最早的民族主义运动，反过来，民族主义运动又借助于民主化而得到强化。1950—1970年代的民族解放运动其实又是民族民主运动，大批亚非拉国家得以诞生。苏联解体、南斯拉夫解体，更是刚刚过去的历史，都是民主主义与民族主义的双重奏的产物。

乌克兰的悲剧进一步告诉我们，在存在种族冲突和国家认同危机的国家，即20%多的乌克兰东部的人亲俄罗斯、70%多的乌克兰西部的人亲欧洲的分裂型社会，选举民主动摇的是立国之本即国家认同。和泰国一样，乌克兰的分裂型社会结构决定了稳定的、和平的民主政治依然是期许之中的愿景。

民主政治与社会同质性条件的重要性

笔者一直认为，民主在价值上是公共之善，值得也必须追求；但是，民主更是一个现实中的工具性问题即是一个政体问题，既然是政体问题，它和君主制、贵族制一样，必然存在内在的利益冲突性。原因很简单，民主是大多数人的政治，而多数人之间的利益很难一致化，而且多数人之间甚至可能存在对立性的种族或根本性物质利益的对立。因此，民主本身具有内在的张力和冲突性，这是我们必须务实地看到而不能选择性失明的，否则，正如很多历史上和现实中正在发生的故事一样，民主到来之后并不都是福祉，反而成为祸害。基于民主固有的张力和冲突性，实现民主的条件，尤其是同质性条件就不可或缺，尤其是对一个大国、一个发展中国家、一个多种族国家而言。同质性条件至少包括三点。

国家认同前提：这是连自由民主理论家达尔和林茨都反复强调的，民主只能在大家都接受的特定疆域内玩，各家各派都首先承认自己是一个国家的公民，否则民主就变成了分裂国家的工具。

基本的政治共识前提：现代国家必然是文化或观念多元化的政治生态，但应该是多元一体，即存在最基本的、大家都能接受和认同的政治价值，否则，分裂型价值之争就会通过党争而强化，进而演变为分裂型社会，难以达成有利于公共利益的公共政策。自由民主理论家萨托利如是说，除非存在政治共识，否则多党制是很危险的。

社会结构的大致平等性与同质性：亚里士多德一开始就指出了社会结构与政体的关系，即中产阶级主导型社会最为稳定，西方的民主化也基本是橄榄型社会形成以后的事。而在极端对立的社会，即贫富悬殊、教派对立的二元化社会结构之中，选举只不过是强化了社会结构的对立和冲突。在发展中国家，穷人必然居多数，有产阶级为少数，结果是有产阶级反对民主；而在教派对立的大中东，选举最终不过是强化多数派的主导权，因而选举非但不能抚平教派斗争的伤痕，甚至加剧教派分裂。

我们要反思的不仅仅是上述命题的正误，还有民主形式本身。和经济需要竞争一样，政治也需要竞争。但是，采取什么形式竞争？我们不能简单地否定竞争性选举对于西方民主的价值——尽管竞争性选举的背后其实是"党争民主"因而使得问题重重，但是这种对西方管用的工具对其他国家又是什么结局呢？对于缺少同质性条件的后发国家而言，人们向往民主，需要民主，因此学习民主效仿民主而搞"党争民主"，而党争必然以其特定的社会基础即种族、宗教、阶级为平台，结果，党争民主很有可能导致分裂型社会。鉴于此，我们提出建设全面的、多层次的协商民主制度，实在是明智的、必要的举措。但是，也应该清醒地认识到，作为走向"公共之善"的最佳路径，协商民主制度是一种比选举民主要求更高、实行起来更难的一种理想型制度。

（2014 年 3 月 17 日《光明日报》）

改或不改，都很难——
透视西方制度困境

■ 郭　纪

国际金融危机爆发以来，欧美各国经济难脱困境，政治深陷僵局，社会动荡不安，面临越来越大的变革压力。然而，改或不改，都不容易，从中折射出的是西方的制度困境。

不改，经济要崩溃

欧美各国经济普遍深陷这样一种恶性循环：在金融危机冲击下，银行惜贷、企业裁员、经济萎缩；经济疲弱导致政府财政收入下降，不得不实行紧缩政策；财政紧缩又反过来造成经济增长乏力、失业人口增加、市场需求下降等。

随着危机的发展蔓延，英国、法国、意大利等欧洲主要国家的主权信用评级相继被国际评级机构下调，希腊、葡萄牙、爱尔兰、塞浦路斯等欧元区国家排队等待救助。财政赤字超限、巨额债务缠身、经济低迷不振、失业率居高不下等等问题犹如挥之不去的梦魇，严重困扰西方各国。

以法国为例。最新经济预测数据表明，2013 年法国财政赤字将占国内生产总值(GDP)的 3.6%—3.7%，经济增长预期仅 0.1% 左右，到 2014 年底本土失业率或将升至 11.25%。国际信用评级机构穆迪已将法国主权信用评级下调至 Aa1 级。国际货币基金组织也警告说，法国"显著丧失竞争力"，如果不推行经济改革，就有可能落到深陷危机的意大利和西班牙的后面。

意大利和西班牙的情况可能更糟。《纽约时报》报道称，意大利有 600 万各种规模的企业，2013 年以每天 1000 家的速度消失，尤其是中小型企业。随着裁员的盛行，2014 年 1 月份意大利失业率达到创纪录的 11.7%，年轻人失业率飙升至 38.7%，60% 多的意大利人担心入不敷出。国际货币基金组织近期的一份报告则为西班牙描绘了一个惨淡的前景：在经济危机的阴霾中苦苦挣扎 5 年后，西班牙 2013 年经济衰退将更加剧烈，失业率将再创新高，公共债务将持续攀升，政府的赤字削减计划在 5 年内无法实现，经济复苏的希望目前看来非常渺茫。

远在大西洋彼岸的美国，面对的困扰和问题一点儿不比欧洲少。2012 年，美国政府债务占 GDP 的比重已达 107.2%，经常账户逆差占 GDP 比重高达 3.1%，国际收支严重失衡，失业率依然处于高位。全美独立企业联盟 4 月份发布的月度报告显示，更多小企业计划削减库存和减少招聘，信心指数下降。

西方国家经济难以走出困境，原因虽然各有不同，却也存在共性问题，包括金融领域过度膨胀，福利制度不堪重负，债务负担积重难返，财政赤字持续超限，等等。法国总理府经济分析委员会主席贝纳西—格雷表示，如果不实施痛苦的改革措施，"市场将难以容忍，做出激烈反应。"所谓的"激烈反应"会是什么？没有人敢对这个问题作出乐观的估计。但有一点可以肯定，除了进行大刀阔斧的改革，没有别的办法可以帮助西方走出困境。

改革，政府就垮台

西方国家近年来的改革实践不仅步履维艰，而且险象环生。很多时候，改革成了政府垮台的导火索。而民众之所以反对改革，不只是因为福利被削减、生活水平下降，更是为了反对社会不公，反对"让普通民众为资本家的贪婪和政府的无能买单"。

福利制度改革，是西方社会结构改革的重要一环。长期以来，号称"从摇篮到坟墓"的福利制度只高不低、只上不下。由于财政不堪重负，多年来福利制度一直面临变革压力。但是，对于"养尊处优"惯了的西方民众来说，谁要想动他们的"奶酪"，必须拿出足够的勇气。德国前总理施罗德2004年曾实施改革，削减薪酬和失业、养老保险等多项福利，结果他为自己的勇气付出了代价：黯然下台。在本轮金融危机的冲击下，各国财政捉襟见肘，高额福利难以为继，政府纷纷推出财政紧缩、福利削减措施，结果引发民众不满，抗议浪潮此起彼伏，支持改革的政党逐渐失去选民支持，多国政府先后因此而垮台。

　　临危受命的意大利蒙蒂政府是一个典型例子。经济学家出身的马里奥·蒙蒂上台后，接连推出强有力的紧缩措施，推行劳动力市场改革，号召人民作出"牺牲"。从长远看，这些紧缩与改革措施有利于意大利和整个欧元区发展。但是，民众却没有这个耐心，他们只看到自己为蒙蒂的改革付出了代价，而好处却很难看到。由于民意支持率不断下滑，蒙蒂政府也失去改革动力，不敢再推出新的改革方案。2012年12月，蒙蒂因难以顺利执政不得不黯然离场。2014年2月意大利议会选举中，极力反对紧缩政策、并且提出以公投决定意大利是否留在欧元区等极端主张的极右翼政党"五星运动"，成为众议院最大政党，而蒙蒂领导的中间派联盟只得到约10%的选票，成为此次选举最大的输家。

　　较之蒙蒂政府，法国奥朗德政府在改革问题上似乎更为"慎重"和"务实"。奥朗德2013年高举反对财政紧缩、提高社会福利的大旗入主爱丽舍宫，其领导的"左"翼执政党同时掌控着中央政府、议会和地方权力。但是，因为有"若改革，政府就垮台"的前车之鉴，奥朗德在结构改革问题上患得患失，担心实施改革会遭到民众反对，影响2014年地方选举甚至导致政府提前垮台，因此迟迟不愿触及深层次问题。

　　"我们知道如何进行改革，但我们不知道如何才能再次当选。"欧元集团前主席容克的这句话可谓一语道破天机。

"民主信仰"成了危机的受害者

面对西方目前的困境，诺贝尔经济学奖得主斯蒂格利茨认为，"民主信仰"成了金融危机后的一个受害者。改或不改都很难的事实所揭示的，正是西方政治制度的问题。美国《时代》周刊网站发表的《民主能解决西方的经济问题吗？》一文发出疑问：是不是现代民主无法提供一个解决当今问题的政治机制？

西方民主政治实际上是选举政治。为了赢得选举，各政党往往罔顾经济客观规律和国家长远发展需要，竞相向选民作出不切实际却能讨好选民的承诺，这样的招数屡试不爽。在选票至上原则主导下，政府被选票绑架，受制于短期民意和舆论，很难推出触动选民既得利益的改革举措。短视是西方民主制度的痼疾，"短期效应凌驾于一切之上，催生追逐短期利益的行为，市场、政治和媒体无一例外"。美国《新闻周刊》载文说："现代民主制度的弊病是：它不能为了长远利益而将短期痛苦强加于人。"西方国家债务危机的实质就在于此：为迎合选民，历届政府都只管"点菜"，却不管"买单"，不断推高福利，最后走上借债度日的赤字财政；明明是寅吃卯粮、债台高筑，但是在改革可能导致政府下台的压力下，深层次结构性改革久拖不决，以至于积重难返。明眼人看得很清楚：西方国家现在是在吃老本，吃它们上百年来积累下的老本。但老本总有吃完的时候，真到了最后"买单"的时候，危机就不可避免。

美国《大西洋》月刊网站刊文认为，经济危机使许多西方国家领导人不仅质疑自己的经济制度，而且"怀疑自己的政治制度实际上包含严重的、可能无法修复的缺陷"。美国著名主持人法里德·扎卡里亚最近为《外交》杂志撰文，质疑美国的政治制度到底能不能确保为应对危机而进行的改革取得成功。曾当选《科学美国人》2002 年美国 50 位最重要预言家的劳伦斯·莱西格教授认为，美国的政治制度陷入一场严重危机。《德国金融时报》网站文章则直言，债务危机或致欧洲民主制度崩溃。盖洛普民调显示，54% 的美国受访者在诚实和伦理标准方面给予国会议员较低或非常低的评价，名列倒数第二，和倒数第一的汽车推销员相差无几，从一个侧面表明"美国人对民主制度渐渐失去了信心"。欧洲民众同样因为执政党施政无方、丑闻不断、乱象纷呈而感到失望。意大利最近的民调显示，自20 世纪 90 年代初以来，公众对本国执政党的信心在 4% 到 10% 之间徘徊。

虽然奥巴马总统在国情咨文演讲中引用了肯尼迪总统的名言——"宪法并未让我们成为权力的竞争对手，而是共同进步的伙伴"，但事实上，民主、共和两党恶斗几乎让美国政府瘫痪。第 112 届美国国会成为数十年来通过法案最少、最无业绩的美国立法机构。弗朗西斯·福山最近也就民主政治体制"效率低下"提出反思：美国是否已从一个民主政体变成了一个"否决政体"——从一种旨在防止当政者集中过多权力的制度，变成了一个谁都无法集中足够权力从而作出重要决定的制度？福山提醒说，不能忽视的是，我们"成立政府也是为了发挥作用和作出决断"。

对西方民主制度的幻灭，让欧美民众越来越多地利用街头政治方式来表达自己的观点。示威民众不仅提出"反紧缩、反削减、要就业"等经济社会诉求，还打出了反对政党勾结、变革现行政治制度、实施真正民主的旗帜，强烈表达他们对现行政治制度的不满。在非洲、拉美、中东和原苏联地区，西式民主近年来也在衰落。有人认为原因在于它未能促进经济繁荣，也没给民众带来福祉。也有人认为，"代价昂贵"是西方民主制度在全球尤其是亚洲衰落的原因，因为民主通常意味着争论不休、举棋不定、效率低下，而且需要拿繁荣作代价。

2011年，比利时的一批知识分子发表了《千人集团宣言》，对西方民主没有与时俱进提出批评："民主是活着的有机体，民主的形式并非固定不变的，应该随着时代的需要而不断成长。"而且，"这绝不仅仅是比利时的问题。"

在西方民主制度遭遇"信仰危机"的同时，很多西方学者、政要、商界人士把关注的目光投向了中国。风险投资家李世默在美国《外交》杂志撰文指出，如果中共十八大的战略规划能够一一实现，那么有朝一日2012年就可能会被视作是一种理念的终结，即认为选举式民主是唯一合法和有效的政治治理制度。许多发展中国家已经明白，民主并不能解决它们所有的问题。对于它们来说，中国的例子是重要的。"中国模式的成功确实表明，只要符合一国的文化和历史，许多政治治理模式都可以成功。中国成功的意义不在于向世界提供一种替代模式，而在于展示其他的成功模式是存在的"。

（《求是》2013年第9期）

超越资产阶级民主的理论思考

■ 北京市中国特色社会主义理论体系研究中心

如何认识和对待西方发达国家的资产阶级民主，是我们在推进政治体制改革和发展社会主义民主政治的过程中经常遇到的一个问题，是一个关系到我国政治体制改革和民主政治建设的指导思想和方向道路的重大问题，需要加以深入研究和准确把握。

中国特色社会主义民主在本质上超越了资产阶级民主

中国共产党在领导中国人民实现民族复兴伟大梦想的历史进程中，把马克思主义基本原理与中国具体实际相结合，建立了人民当家作主的社会主义国家政权，开创了中国特色社会主义政治发展道路，形成了中国特色社会主义政治制度。中国特色社会主义民主尽管还需要一个很长的发展和完善过程，但它在本质上已经超越了资产阶级民主，是一种比资产阶级民主更高的社会主义民主政治。

中国特色社会主义民主彻底摆脱了金钱对民主的操纵，确保广大人民群众享有真正的民主权利。资产阶级民主的最大问题，是人们的民主权利形式上是平等的，而实际上是不平等的。造成这种现象的根本原因，是金钱对政治的干预和操纵。在资本主义国家，资产阶级尤其是垄断资产阶级只占人口的少数，但他们掌握着社会的大部分财富，依靠金钱的干预，掌握着国家权力，维持资产阶级的统治。既然代表资产阶级利益的资本主义国家不能真实代表广大人民的利益，那么，这些国家的民主，无论它在表面上看来如何公平，也无论它如何自我标榜，实质上都是资产阶级民主。我国是人民当家作主的社会主义国家，广大人民群众享有完全平等的政治权利。虽然我国尚处在社会主义初级阶段，社会上还存在着影响人民群众平等行使民主权利的各种因素，但党和政府始终以最大的努力不断消除这些因素，尤其是坚决排除金钱对选举的操纵和金钱对政治的干预，根除贿选、行贿等不法行为的存在，从根本上保证人民享有真正的民主权利，真正成为国家的主人，这是中国特色社会主义民主能够超越资产阶级民主，成为更高类型民主的关键所在。

中国特色社会主义民主把协商民主与选举民主有机地结合起来，弥补了单一的选举民主的不足。两党制、多党制和议会制作为资本主义国家的民主实现形式，其主要特点是通过选举的方式实现政党轮流执政，以维护资产阶级的根本利益。西方资本主义国家的选举民主存在着内在缺陷：选民只能通过投票来决定谁代表他们行使国家权力，他们的民主权力实际上就是隔几年参加一次选举投票。各利益集团在竞选中利用金钱操纵选举，有时为了选票也会适当考虑普通民众的意愿，但这种选举实际上是一种金钱政治，是少数有钱人的游戏。与此形成鲜明对比的是，我国社会主义民主是选举民主与协商民主的结合。人民代表大会制度作为我国的根本政治制度，是中国人民当家作主的重要途径和最高实现形式。中国共产党领导的多党合作和政治协商制度作为我国的一项基本政治制度，是实现人民当家作主的又一重要形式。中国共产党和各民主党派通过民主协商，在治国理政中形成了高度政治认同和强大社会凝聚力，既尊重多数，又照顾少数，能够充分反映和协调各方面的意愿与利益，具有西方民主不可比拟的广泛性、包容性和真实性。

中国特色社会主义民主用和谐的政党关系取代竞争的政党关系，避免了由政党竞争所引起的社会震荡和社会分裂。社会主义同资本主义的一个根本区别，是资本主义社会存在阶级矛盾和阶级斗争，政党竞争是阶级矛盾和统治阶级内部矛盾的集中表现。我国已经消灭了剥削阶级和剥削制度，人民群众的根本利益是一致的，社会和谐已成为中国特色社会主义的本质特征，它使我国的政党关系成为一种新型的和谐的政党关系。和谐的政党关系克服了西方国家竞争型政党制度的缺陷，在政党关系上实现了统一性与多样性的有机统一，是一种合作共赢的政党制度。这种政党制度首先承认各个政党是独立自主的，地位是完全平等的，它们彼此同心合作，共同为建设中国特色社会主义而奋斗。共产党作为执政党，在多党合作中发挥先锋作用、凝聚作用、协调作用、模范作用，使我国的多党合作有一个坚强的领导核心。各民主党派是中国特色社会主义参政党，他们代表着各自所联系的社会阶层，通过各种途径积极参政议政，在中国特色社会主义建设中发挥着重要作用。这种政党制度既充分发挥了各个政党的作用，又保证了社会的团结统一，能够团结一切可以团结的力量，为实现共同的社会理想而奋斗，从根本上避免了资本主义国家政党争斗所产生的各种问题。

中国特色社会主义民主是对资产阶级议会制和三权分立的超越。我国的根本政治制度是人民代表大会制度。这种制度规定，人民代表大会是国家的最高权力机关，并直接行使立法权，行政机关的行政权、政法机关的司法权都是人民代表大会赋予的，它们都要接受人民代表大会的领导和监督。这种制度既鲜明地体现了我们国家一切权力归人民的社会主义性质，又把权力的分工与统一有机地结合起来，克服了西方资产阶级民主片面强调分权所带来的统一性不足的问题。同时，我国的人民代表大会实行民主集中制，把民主与集中有机地结合起来，既充分发扬民主，又具有较高的工作效率，这就克服了西方国家片面强调权力制衡，各权力机构之间互相扯皮、效率低下的问题。邓小平同志曾多次指出我国人民代表大会在这方面的优越性，强调要保持这个优势，保证社会主义的优越性。

中国特色社会主义民主超越资产阶级民主，还表现在共产党领导与人民当家作主、依法治国的有机统一上。社会主义民主的本质要求是人民当家作主。共产党发挥领导作用，是为了使人民更好行使当家作主的民主权利。正因为如此，我们把共产党执政定义为领导和支持人民当家作主。同样，我国的宪法和法律是由人民代表大会制定的，共产党的作用是领导人民制定法律，并在法律颁布后带头遵守法律，这些都是为了使法律制定和实施得更好。共产党作为执政党实施依法治国方略，自己的政策和主张要通过人民代表大会，变为国家的法律制度。应当说，有了共产党的领导，人民群众能够更好地行使国家权力，宪法和法律得到了更好的制定和遵守，这正是中国特色社会主义民主超越资产阶级民主的重要表现。但是一些人却要开历史倒车，宣扬在中国搞西方所谓的宪政民主，他们刻意地把党的领导与人民当家作主对立起来，与依法治国对立起来，要害就是要取消共产党的领导。一旦共产党的领导被取消，人民当家作主和依法治国就失去根本保证，中国民主政治的社会主义性质乃至整个国家的社会主义性质就会改变，苏联解体东欧剧变的惨痛教训已经为我们提供了前车之鉴，决不可掉以轻心。

全面超越西方资产阶级民主是一个长期过程

中国特色社会主义民主政治，就其根本政治制度和基本政治制度而言，是比资本主义民主优越的社会主义民主，是适合我国基本国情和得到人民群众拥护的民主，对于中国特色社会主义政治发展道路我们充满了信心。中国特色社会主义民主从总体来说，还处在形成和发展的过程中，形成成熟的和完善的社会主义民主政治制度体系，充分显示出社会主义民主的优越性，还需要一个很长的历史过程。

要大力发展社会主义经济和文化，为社会主义民主的发展奠定坚实的物质技术基础和必要的思想文化条件。民主政治作为上层建筑，是根据经济基础发展的要求建立起来的，社会主义民主政治的发展需要坚实的物质技术基础作支撑。同时我们还要看到，民主政治建设是需要一定的思想文化条件的。我国原来是一个半殖民地半封建社会，没有经过资产阶级民主充分发展阶段，封建专制主义有着根深蒂固的影响，人们缺乏民主生活的素养和习惯，教育水平和文化水平也相对较低，这些都会严重制约和影响我国社会主义民主的发展。这就要求我们以社会主义核心价值体系为统领，大力推进社会主义思想文化建设，努力提高人们的思想文化水平，为我国社会主义民主政治创造良好的思想文化条件。

要进一步推进政治体制改革，不断发展和完善中国特色社会主义政治制度。我国的根本政治制度和基本政治制度，从一建立就在本质上超越了西方资产阶级民主，但我国的政治体制和运行机制在某些方面还存在缺陷和不足。改革开放后，我国在建立社会主义市场经济的过程中，对这些问题进行了相应的政治体制改革，情况比过去已经有了很大改变。但我国的体制改革毕竟只有30多年的时间，政治体制改革仍然任重道远，需要我们长期不懈地努力奋斗，才有可能不仅在根本政治制度和基本政治制度上超越西方资产阶级民主，而且在具体的政治体制和运行机制上超越西方资产阶级民主。

要积极借鉴人类文明创造的有益成果，但不能在国际比较中丢失甚至否定自我。我国的政治体制改革和民主政治建设，必须立足于我国的基本国情，走中国特色社会主义的政治发展道路，决不能机械照搬其他国家的民主政治模式。我们应当借鉴和吸收资产阶级民主中一切对我们有用的东西，善于运用人类的政治文明成果包括资本主义政治文明成果，来建设和发展中国特色社会主义民主政治。对资本主义国家的政治制度应当采取具体分析的态度。西方资产阶级的基本政治制度，如两党或多党轮流执政、三权分立、议会制等，这些都是与西方资本主义生产关系相适应的，是反映资产阶级民主政治的阶级本质的东西，决不能把这些制度移植到中国来。但是资本主义国家政治体制中那些对我国有参考价值的东西，我们应当批判地学习借鉴。这并非简单拿过来就行了，而是要结合我国的具体实际进行研究和创新，使之为我所用。那种把资产阶级民主视为普世价值，采取顶礼膜拜、机械照搬的态度，是绝对创造不出超越资本主义的社会主义政治文明的，那种"外国的月亮比中国的圆"的论调，是罔顾事实，根本站不住脚的。近年来美国等西方国家发生了金融危机、债务危机，经济陷入困境，这不就是西方资本主义制度的弊端吗？美国讲自由民主、网络自由，不是在暗地里大规模监听公民通话和通信吗？美国等西方国家大谈平等，不是发生了抗议贫富悬殊的"占领华尔街"等事件吗？美国在伊拉克、阿富汗、巴基斯坦等地滥杀无辜的现象不是大量存在吗？西方国家到处输出它们的价值观念和制度模式，在哪个国家获得了真正的成功？对此，我们应有清醒认识，对西方国家"唱衰"中国的险恶用心保持高度警惕。要不断增强我国国际话语权和文化影响力，更好地向世界传播中国声音，增进国际社会对我国的了解，充分展示我国民主进步、文明开放的国家形象，营造有利的国际舆论环境，努力改变"西强我弱"的国际舆论态势。

（《求是》2013年第19期）

民主政治研究的误区及转向

■ 苏长和

2012 年年底，笔者有机会分别去非洲参加了中非智库论坛、去美国考察了美国大选。在埃塞俄比亚，与会的个别非洲学者大谈非洲市民社会、民主转型等问题。会场设在亚的斯亚贝巴郊区一个度假村，走出会场，就会见到许多生活在底层的贫苦百姓，让人不能不对会场内民主话题和会场外民生实态作对比，不由得想到书本知识与现实世界之间的巨大差距。2012 年又是许多国家的大选年，年初的俄罗斯、法国与年末的美国、日本很是热闹，一切看上去似乎都很"美"，但又不能不让人对民主产生"审美"疲劳。实地感受与学术报告的反差促使我这样一个从事外交和国际关系研究的学者对流行的民主话题产生一些疑问。民主研究非我专业，但是从外交和国际关系角度思之，或许对我们思考全球化时代各国的民主政治建设不无意义。

民主研究的误区

长期以来，民主理论研究的重心，一直将发展中国家的民主转型作为研究对象，似乎民主转型只是发展中国家政治发展的事，发达国家就不存在民主转型问题。在研究过程中，学者、媒体、社会组织总是下意识地将西式民主作为唯一参考标杆，所谓发展中国家的民主政治发展方向，就应该奔着西式民主设定的标准走，才是可行之道。这种研究价值取向严重误导了发展中国家的政治制度建设，为此吞下苦果的国家不少，搬来的"民主"最后成了许多发展中国家墓志铭的也不少。

有关民主研究在全世界几乎无处不在。当然，民主研究的议程本身就是少数西方国家为发展中国家定制的。民主的评价标准完全由少数国家说了算，比如各类民主评价机器以及受到各类基金资助的在全世界进行巡回演讲的"民主宣讲员"，这使得民主及其建立在其上的社会科学知识更多的只是西方的宣传工具而已，累积的知识泡沫也不少。每当西方国家为了私利拟对一个国家进行军事干涉之前，打出民主和人道的旗号，宣传工具开动起来肆意把别国贴上专制独裁标签的时候，这些国家离内战和混乱就不远了。

在西式民主评价机器下，被认为是进步到"民主"国家或者从专制国家班级中"毕业"的唯一前提，就是对其俯首帖耳地服从，放弃自己独立的外交和国内政策，没有尊严，当然这个时候，马上会换来"国际"舆论的普遍表扬。在国际舆论中，有的国家一夜之间就可能成为民主国家，当然如果不听话，也可能一朝醒来发现自己"被专制"了。各类民主评价机器如同戴在发展中国家头上的紧箍咒，当你一不听话的时候，掌握评价机器的人就拼命念经。

有的中国学者研究中国的民主，往往下意识地将西方作为民主的完美样板，有时甚至不自觉地将自己划到民主的对立面——非民主——一面去，从而导致在国际学术交流中的自卑情结，总觉得道德上低人一等，在西方"老师"面前抬不起头，是永远毕业不了的学生。看来，发展中国家要取掉这个套在头上的紧箍咒，必须从"民主——非民主"、"民主西方与专制非西方"的简单式二元划分和优越卑微的对立思维中超脱出来，从仰视到平视，真正在本国国情基础上，思考自己的民主政治建设道路。

西式民主的退化与再民主化运动

要从西式民主话语体系中解套，真正具有自由之精神，独立之国格，首先需要将少数西方国家宣扬的民主知识从普世知识降级为地方知识。长期以来，美国在其外交中努力将美国特色的民主从地方性知识转化为普世性知识，如果世界上东西南北的国家都珍视基于本国国情和历史而发展出来民主政治，甚至能够探索出更高阶段的新民主政治理论，对民主理论进行升级，现行所谓普世的民主理论自然就会沦为地方特色的民主理论。这个一升一降的过程需要漫长的时间，关键是要从当下做起。

没有独立思考和平等交流的学术态度，是不可能从西方民主话语体系中解套出来的。比如，一直被视为民主典范的少数西方国家，其自身是否存在民主转型的潜能？或者说，这些国家的民主制度是否存在退化现象？进一步说，西式民主政治如不改革，并不能保证其在人类政治文明中不会被降级的可能。当然，今天的国际知识界尤其是比较政治学将精力大多放在发展中国家民主的不足研究上，并没有太多的人敢单刀直入，把西式民主退化和西方面临的民主转型问题作为严肃的学术议程挑出来。

西式民主的退化不是没有迹象的。按照西式民主话语体系塑造的逻辑，发展中国家所有问题都被描述为是因为没有民主的话，也同样可以将发达国家面临的政治极化、精英脱离群众、居高的国债、政客不负责任的承诺、选民投票率下降、被垄断的舆论、对外专制性干涉等，归结为其民主制度出了问题，因为如果其民主运转良好以及制度良好的话，本是不该出现这些问题的。从国际关系言之，西式民主在设计的时候就是与人类希冀的和平发展国际秩序相抵触的，因为这套制度的运转是建立在封闭排他的领土政治之上的，可以合法且正当地将国内政治系统内的负面因素无所顾忌地排放到国际政治中，置他国关切、感受和利益于不顾，成为国际冲突的重要根源之一。正是在这个意义上，这种排他性的制度设计成为这类国家负责任地参与全球治理的国内制度障碍。

所以，当发展中国家的比较政治学家开始从研究西式民主国家的民主转型、民主退化等问题中，给予其再民主化运动——这绝不是不可能的——以更为合理的建议甚至为其设置民主研究的议程时，发展中国家的比较政治学才能真正赢得国际知识界的尊重。

民主研究议程的转向

西式民主在今日的退化和衰落，应为那些仍然在摸索政治制度建设道路的发展中国家所警惕，若盲目照搬，别人今日之困境，必将成为自己明日之难题。如果民主只是有钱人的游戏，民主只是不断降低的投票率，民主越来越将德行排挤出政治生活，民主使人们越来越感觉个人微不足道无足轻重，民主越来越被认为用来合法地欺负外人，民主被认为制造对立和分裂，民主制造出越来越多"合法"的战争，这种民主绝非人类对美好政治的追求方向。

这就需要我们对现有民主研究的议程进行反思和转换，从有关西式民主的无谓争论中挣脱出来，将民主研究拉回到与政治制度建设主题更为相关的"治国理政"这个政治学古典话题上。为此，不妨更多地站在本土政治资源基础上思考中国的民主政治建设。"民主"这个词，在中国政治资源和语境下，其含义是极为独特的。将其拆开，至少存在三个相互递进的含义。"民为国主"、"以民为主"，此为国体之本；"为民做主"，此为执政者必须密切联系群众依靠群众；只有在前两者基础上，才能真正实现"人民当家做主"。不是在所有国家，其执政精英都有密切联系群众并为群众服务的"为民做主"这种内生政治资源的。许多国家的学者在国际会议上可以大谈民主、市民社会、非政府组织、选举等，但作为知识精英，缺乏"为民做主、以民为主"的情怀，严重脱离群众是较为普遍现象，由此带来政治衰落和社会动荡，就不难理解了。密切联系群众是保持民主活力的重要途径，这与自古以来中国精英的天下关怀精神有关，也与中国

113

共产党创造性地探索出的群众路线这一民主的实践特色有关。世界各国的民主，如果执政者脱离群众，置民生于不顾，这种所谓的民主不退化才怪。

"选举"这个词也是。我们对选举的研究，几乎一头扎进"一人一票"的票选研究上，简单以为选举就是搞全民投票，有了投票，许多问题就可以迎刃而解。汉语中的"选举"一词，比"election"要更丰富，拆开来是"选"和"举"。中国在治国理政用人决策上讲"选"也讲"举"，尤其是"举"。这是选举制度的精髓。世界上搞得好的国家没有一个只是靠票选的，世界上处于混乱的国家没有一个不是教条地只靠票选的。其实，研究西方政治的人应该很清楚，美国欧洲政治中也有很多"举"，不单是靠"票选"来管理国家的。我们光看美国热闹的"票选"，而不深入研究其背后的"举"，那只会将美国政治简单化。简单地去学人家的"票选"，只会误导自己的政治发展道路。

总之，本土好的民主政治资源还有很多。在民主政治的代际发展上，不同民族会扮演着思想接力的作用。笔者时常看到国内有关民主、宪政、自由、公民社会的报告，听来看去，大多还是如20世纪80年代那样，如丸之走盘，没有从西方术语中走出来。无数学者的智力和心力被用在研究西式民主如何应用于中国上，而不是用力到中国民主政治发展道路的实践中去提取提炼理论，再指导自己的民主政治实践，实为学术之伤悲。今日中国学者生逢中华民族伟大复兴的历史性关键时期，对这一征程背后之道路和制度力量置之一边而不予以"理"，外人和后人当如何看我们呢？

（2013年5月28日《光明日报》）

从资本主义体制内外看西方困境的四种视角

■ 彭成义

　　由 2008 年美国次贷危机引发的全球金融危机和经济大衰退，给整个世界带来了巨大的冲击，也引发了人们对资本主义的大反思大讨论。从 2009 年年初英国《金融时报》刊登有关"资本主义的未来"的系列文章和时任法国总统萨科奇与英国前首相布莱尔召集的"新世界，新资本主义"大会，到 2012 年年初《金融时报》发表"资本主义的危机"的系列文章和 2012 年达沃斯论坛对于"20世纪资本主义是否适合 21 世纪"的大讨论，这种反思一直在继续，并有很明显的更深入和彻底的趋势。本文选取资本主义体制内外对于此次危机根源和实质诊断的四种视角进行梳理和分析，以期对我们认清西方当前困境的实质和启迪中国的应对之策有所裨益。

从资本主义体制内向内看：归咎于资本家的贪婪和政府的疏于监管

这种解读将资本主义危机归咎于资本家的贪婪和政府的疏于监管。他们认定这次资本主义困境的实质是一场金融危机和债务危机，所以与之相关的金融家、银行家、企业家以及疏于监管的政府是他们最容易联想到的"罪魁祸首"。

对于其中将目光主要投向贪婪资本家的一方，他们普遍认为极端的贫富悬殊是导致此次危机的主要原因之一。比如，国际劳工组织总干事胡安·索马维亚的文章《从国际劳工组织角度看资本主义危机与不平等》以及英国经济学家斯图尔特·兰斯利的新书《不平等的代价》都分析了贫富悬殊何以导致了当前西方资本主义面临的困境。也正因如此，诺贝尔经济学奖获得者克鲁格曼等也才认为美国正在逐步沦为一个香蕉共和国——永久贫困阶层日益扩大，中产阶级愈发贫困，并且面对越来越富有的富人阶层变得越来越软弱无力，而熟练控制包括总统在内的公职人员的资本家权贵却正经历一场复兴。在欧洲大陆，个人不平等加剧的问题没有英美那么严重，但是问题也主要是欧元区的内部失衡造成的。

另外一方则将目光投向政府并认为其应该为此次金融危机负主要责任。美国前银行家、政府汽车工作小组的负责人史蒂文·拉特纳就将资本主义比喻成一个需要规则、界限和纪律的精力旺盛的小孩子，认为如果小孩子无意中把房子点着了的话，他的父母也就是政府应该承担责任。所以对于此次金融危机，拉特纳认为主要是政府放松了监管要求、对危险的甚至在某些情况下是非法的活动视而不见，并纵容了这些过分行为。他举例说，欧元区目前的混乱局面就很难被看成是资本主义或金融体系的错，因为当时很多金融家，都曾指出欧元在设计上存在问题，并且有可能解体，但是欧元区的政府官员们却一意孤行地推行着他们轻率的计划。拉特纳也同样认为，美国收入不平等的大幅加剧是因为政府的政策措施导致的。他举例说，2001年和2003年的减税措施就使得沃伦·巴菲特的秘书所支付的税率高出了他本人的水平。另外，这些监管者不仅疏于对证券公司具有放射性的杠杆水平和面向房屋所有者的不够审慎的贷款等问题的监管，而且也未能对于危机的到来作出预警。美联储主席本·伯南克在2006年2月还表示房价可能会继续上涨，但仅仅5个月后，房价就开始暴跌而导致整个次贷危机的爆发。

从资本主义体制内向外看：归咎于国家资本主义的不公平竞争

这种解读认为西方自由资本主义的危机是由于全球化下快速崛起的国家资本主义的不公平竞争导致的。

"国家资本主义"本身不是新词，但对其赋予新的内涵来指称新兴国家的发展模式则可能得从2009年索罗斯的提法开始。在2009年的系列讲座中，索罗斯首次提出以美国"华盛顿共识"为基础的"国际资本主义"正在面临以中国为代表的"国家资本主义"的严峻挑战和威胁。后来在2012年年初举行的达沃斯世界经济论坛上，凯雷投资集团（Carlyle Group）的创始人和董事大卫·鲁宾斯坦也提出如果西方自由资本主义不改良，国家资本主义就会胜出，这个观点得到不少与会嘉宾的认同，英国《经济学家》在2012年1月也推出关于国家资本主义的特别报道。在他们看来，这些新兴国家的崛起确实有一些与西方发展模式不同的特征，并在全球化的竞争中给西方带来了挑战。比如，他们认为国家资本主义将国家的力量与资本主义的力量融为一体，利用资本主义的手段和政府的优势而让国有公司上市并推向全球。同时，国家资本主义不仅经营公司，而且还以主权财富基金的形式管理巨额的资本。另外，国家资本主义还具有"规模大、兴起快、手段多、日益国际化"等特征，而且发展势头迅猛，全球影响力快速上升，并擅长利用市场来推动政治目标的实现。而这些特征使得西方的自由资本主义在全球化的竞争中处于劣势。所以英国财政大臣乔治·奥斯本认为西方资本主义面临信心危机的一大原因就是人们开始质疑西方民主国家是否有能力让大多数民众享受到全球化的好处；诺贝尔经济学奖获得者迈克尔·斯宾塞也在《外交》杂志撰文分析全球化对于美国人就业和收入的负面影响。

从资本主义体制外向内看：归咎于资本主义的固有矛盾

持这种观点的人主要由左派人士组成，而在将西方当前面临的困境归咎于资本主义本身问题的思考中又有两种思路；第一是认为马克思主义对于资本主义经济危机的传统解释仍然适用；第二是认为当前困境主要是"资本"异化的结果。传统马克思主义经济学的观点认为这次危机和历次资本主义经济危机一样，都是生产过剩的周期性经济危机。其根本原因在于资本主义深层次的基本矛盾，即生产的社会化与生产资料的私人占有之间的矛盾。在他们看来，资本家只要有条件降低工资成本，就会想方设法去谋求更高的利润率，但这样的结果是收入降低了的工人再也消费不起这些产品，而当贫富悬殊太大的时候，系统就会崩溃。日本马克思主义经济学家伊藤诚则将侧重点放在了过剩资本的投机方面，他指出，当前的金融危机是一场产业现实资本的过剩积累以及由此产生的利润率骤降而导致的货币信用危机。所以，在他看来现在的贫富悬殊很大程度上是由于传统资本家对剩余价值的剥削和现代金融膨胀带来的通胀等利率剥削双重因素导致的。日本另一位经济学家山田锐夫则将现在的危机置于资本主义结构性危机的延续性历史脉络当中去加以阐释，然后特别强调了当前资本主义结构性危机的金融主导性质。

第二种思路是认为当前资本主义危机是资本"异化"的结果。在他们看来，今天的"资本"已经异化，而且近几十年来爆发的危机都主要与"金融资本"或者说"投机性资本"而不是传统意义上的投资实体经济的"直接投资资本"相关。比如，日本马克思主义经济学家井村喜代子就分析了资本异化以及导致此次危机的三个步骤：第一是金融监管体制自20世纪70年代以来的变异，主要体现在"黄金／美元交换"的停止和早期IMF体制的崩溃上；第二是这种体制变异带来的金融与实体经济的脱离，这导致危机前市场上的金融债券已高达600万亿美元之巨,是实际商品贸易的10倍之多；

最后，由金融投机导致的财政危机不可避免，而这在欧洲追求"金融立国"的国家中表现最为突出。

从资本主义体制外向外看：归咎于西方政治文明的深层次矛盾

持这种观点最有代表性的是新加坡国立大学东亚研究所的所长郑永年。他认为当前西方面临的困境是由两大不可调和的结构性矛盾导致的。一是上面已经提及的金融资本主义和实体经济之间的矛盾，二是大众民主与资本主义的矛盾。对于后者，众所周知，资本主义和民主政治一直被视为是一对孪生体，而且在西方民主政治的历史上，大部分时间确实一直是资产阶级的精英民主，但是在由工业资本主义产生的工人阶级开始争取到选举权之后，西方的资产阶级精英民主就开始向大众民主转化。这是一种很重要的转变，之后的妇女、少数族群的解放和投票权的获得则延续了这种趋势。在郑永年看来，与此政治转型相伴的则是西方经济从赤裸裸的原始资本主义转型为福利资本主义，而这种转型很明显不是资本主义自身的逻辑，因为正如马克思所言资本的目的就是追求利润的最大化，而不是财富的分配。所以迫于大众民主的压力，后者才成为可能。相应地，随着历史的发展，当大众民主成为主导性意识形态的时候，政府便开始不再作为资产阶级的代言人，而开始向民众倾斜，这也是西方政治制度一人一票的规则决定的。在这样的情况下，社会福利不但不能减少，而且不得不继续扩张，但是这种"福利"膨胀很明显是不可持续的，所以在经济体不能创造庞大的财富来支撑福利和公共开支，而国家又无法增加税收的时候，西方政府就走上了向大众、国外和未来借钱度日的赤字财政。这个逻辑在欧洲和美国都是相同的，只是有不同的表现而已。欧洲国家高福利制度的不可持续性自不用赘言。在美国，2008 年的金融危机其实也是美国政府一再提高福利成分的产物。比如美国政府也想解决住房问题，让更多的低收入阶层拥有住房，和欧洲不同的是美国政府是利用市场机制来达到这个目标，结果是放松了对金融体系的管制。

郑永年的这种解读其实也得到了一些人的呼应，尽管他们有的因为意识形态的缘故而使用了不同的词汇。比如，德国教授沃尔夫冈·斯特里克就在一篇名为《民主资本主义的危机》的文章中指出，当前西方面临的困境是资本主义市场经济和自由民主政治的固有矛盾导致的。

结论和启示

如上所述，四种解读采取了不同的视角，所以对于资本主义危机的根源得出了不同的诊断结果。前两种视角在西方占据着当前对困境解读的主导地位，其中第二种又有增长的趋势。第三种传统马克思主义的解读还是将目光投向了资本主义内部，而第四种解读的视野则更广阔和深远一些。马克思主义对资本主义周期性经济危机的洞见在国内应该是耳熟能详了，不过也面临许多挑战。比如，女权主义者凯瑟琳·吉布森和朱莉·格雷厄姆，及《后资本主义社会》

一书作者彼得·德鲁克等主张左派批评的资本主义社会早已不复存在，而我们正在步入一个社会结构、阶级关系、国家职能、经济动机以及社会问题都在发生深刻变化的新的社会。也有学者能找出马克思对虚拟经济进行预见和批判的证据，但是马克思的火力毕竟还是集中于当时占主导地位的实体经济资本。鉴于这些问题，第四种视角则是一个极好的补充。这个视角所指的其实就是资本主义和大众民主间互动形成的恶性循环及西方政治文明的民粹主义的危险倾向。加拿大约克大学麦克纳利教授的新著《市场的怪物：僵尸，吸血鬼和全球资本主义》则更深层次的剖析了全球市场体系的文化和物质经济对于大众的负面影响。当普通大众少有的精神都被资本主义如僵尸或吸血鬼般吸尽的时候，大众就成为了无节制、短视、感性，甚至狂热的历史主导者，这就离历史上法西斯主义式的民粹主义不远了。这其实是抓住了我们这个时代最主要的特征。正如列宁指出："这里谈的是大的历史时代。……哪一个阶级是这个或那个时代的中心，决定着时代的主要内容，时代发展的主要方向，时代历史背景的主要特点等等。"这当然值得引起我们的高度重视。

中国作为世界上最大的发展中国家，面临前所未有的挑战。当在资本主义体制下孕育起来的比较短视的大众开始主导西方的发展，而世界又在全球化的推动下越发的融为一体的时候，我们面临的内外压力都将不断增大。这种压力或许或多或少与中东北非的变局，当前各种形形色色的"颜色革命"，以及最近土耳其、埃及、巴西等的动荡有关联。这尤其需要我们静下心来仔细研究，并作出相应的对策。

（《红旗文稿》2013年第14期）

对西方资本主义困境的观察与思考

■ 刘晓明

2008 年 9 月，以美国雷曼兄弟倒台为标志，西方发达国家陷入了一场严重的金融危机。近 5 年过去，这场危机非但没有结束，反而从金融、经济问题蔓延到政治、社会领域，"急症"转成"顽症"，使西方陷入全方位困境。

西方资本主义面临的主要困境

经济发展"失调"。西方资本主义国家为摆脱金融和债务危机所采取的财政和货币手段，迄今效果都不明显。究其原因，主要是几个结构性"陷阱"使然：一是金融陷阱。近年来，西方国家金融领域过度膨胀，金融业以高于实体经济增长率数倍的速度扩张，积聚了空前风险。以英国为例，工业在英经济中的比例仅约 21%，以金融为主导的服务业产值则超过 70%。产业空心化削弱了西方国家应对危机、实现增长的能力。无度扩张的金融产品集聚大量"泡沫",最终破裂。二是债务陷阱。西方长期以来养成超前消费、借债度日的习惯,导致债务负担积重难返。据统计,发达国家债务占 GDP 平均比例截至 2012 年已达 110%,是第二次世界大战以来的最高水平。为应对债务危机采取的紧缩措施,又导致经济增长乏力,民众不满上升,危及政府执政地位,使西方各国政府骑虎难下。三是福利陷阱。长期以来,西方把福利制度作为安抚中下层百姓、维护社会稳定的重要手段,号称"从摇篮到坟墓",福利只高不低、只上不下,财政不堪重负。在福利制度最发达的英国,一些中下层民众拿的救济甚至比正常工作收入还高,因而失去了工作意愿和动力。在非危机状态下,高支出、粗放型的福利模式尚可维系,一旦经济出了问题,便立刻成为难以承受之重。但过惯了舒服日子的西方民众都不愿面对突然要勒紧腰带的现实。能否跳出"福利陷阱",是未来西方社会必须解决的重大问题。

政治体制"失灵"。一是西式选举难以选贤。西方选举制度对政治人物的成长和发展,不是能力导向,而是作秀导向,谁能提出漂亮、响亮的口号,博得选民好感,谁就能上台执政。这种选举制度选出的领导人,往往缺乏实际执政经验,"胜选"而不"胜任",能说而不能干,政客多而政治家少。其二,政党利益凌驾国家利益。金融危机期间,不少西方国家上演"党锢之祸"。政党私利凌驾国家利益,给经济和民生造成严重损害。众所周知的美国两党"债务上限"之争,一度险些使美联邦政府关门歇业。美国网络时政杂志《调色板》的主编韦斯伯格说的一番话颇能反映西方人士的忧虑:两党再这样闹下去，美将"选择自我毁灭"，短期代价是经济持续衰退，长期代价就是超级大国加快衰落，并拖累整个西方的命运。其三，"民主陷阱"阻碍国家治理。表现为一小部分人的利益或非理性的民意裹挟、绑架社会公益，使危机治理寸步难行。例如英国政府计划修建高速铁路，既改善基础设施、又提振经济。但由于少数铁路沿线居民极力阻挠，导致项目一拖再拖，最后推到 2017 年动工、2032 年建成，成为一项"可望而不可即"工程。英国皇家国际问题研究所最近就"民主制度的未来"召开研讨会，结论是今天的西式民主制存在三个突出问题：即民主选举"游戏化"，民主运作"资本化"，民主决策"短视化"。这就是民主形式、程序大于实质和内容，阻碍了国家治理。

社会融合机制"失效"。首先是社会极端思潮抬头。西方主流社会近年在贸易、移民、宗教等问题上保守倾向上升。一些欧洲国家出现右翼政党"登堂入室"的势头。譬如英国极右翼的不列颠民族党首次获得欧洲议会议席。希腊极右翼的"金色黎明党"在议会选举中获得大量议席。这些右翼势力甚至公开采取暴力手段，恐吓、打击外来移民。其次是社会流动性退化。主要是贫富分化加重，中产阶层萎缩，社会各阶层之间的健康流动"凝固化"。今天英国 1%最富有的人口，人均资产是 10%最贫困人口的 300 倍。20 世纪 70年代，1%最富有美国人掌握全美国民收入 8%，到 2007 年，这 1%已经掌握了全美 24%的财富，越来越多中产阶级滑向贫困线。美著名经济学家、诺贝尔经济学奖得主保罗·克鲁格曼惊呼"美国梦已不再"。他尖锐指出，当今美国的社会流动、国民收入和社会资源分配处于建国 200 多年来"最差时期"。第三是社会矛盾激化。主要表现为"群体性事件"增多。2011 年在发达国家风起云涌的"占领运动"就是最佳例证,西方主要的一线城市均不同程度受到冲击。"占领运动"的实质就是西方普通民众看不到希望,要抗争求变。此外,美、英、法甚至个别北欧国家还发生多起震惊世界的严重暴力、枪击或大规模骚乱事件,也是社会矛盾激化的一个表现。在社会问题淤积难解的背景下,这类群体性和恶性事件未来在西方可能层出不穷。

思想道德"失范"。一是政治精英道德水平下滑。最有代表性的是英国议会"报销门"事件。不少议员利用职务之便用公款为个人开销埋单,大到住房按揭,小到厕纸。涉案议员之多、职位之高在当代资本主义政治史上实为罕见。二是大企业商业道德失准。最突出的就是所谓"利率门"事件。英第二大商业银行巴克莱银行等多家国际商业银行被查出人为操纵"伦敦银行间同业拆借利率",以谋取暴利。这种操控行为长期得到监管方默许,已成为行业"潜规则"。三是社会精英道德问题多发。2012年曝出的英国广播公司(BBC)著名主持人吉米·萨维尔40多年对300多人实施性侵犯案,可谓一颗"重磅炸弹",对一向以"新闻道德卫士"自居的BBC和标榜"绅士风度"的英国社会造成沉重打击。上述这些丑闻涉及资本主义制度下的官德、商德、公德,它们反映的是资本主义主流社会的价值观和利益观受到深刻侵蚀,也暴露了资本主义"权力制衡"的有限性和局限性。其后果,就是动摇了民众对资本主义政治权力、商业权力、话语权力等社会主流力量的信任。

如何看待困境中的西方资本主义

应从"两点论"出发，辩证科学地观察西方资本主义。

一方面，危机和困境确实对西方造成较大打击。据美国白宫经济顾问委员会主席克鲁格估算，仅在2007年底金融危机小规模出现、到2009年初危机全面展开的时间内，美经济损失即高达16万亿美元，相当于全美财富总量的1/4。英国则在讨论是否将经历"失去的十年"。总的看，由于危机导致的问题和困境很难迅速、彻底解决，西方可能会在相当一个时期内继续处于"亚健康"状态，其对发达经济体和世界经济的负面影响还会持续显现。

另一方面，西方仍具备较强实力，生产力还有进一步释放的空间。从核心生产力、核心硬实力、核心软实力等角度看，尽管受到严重冲击，但西方的整体优势仍然比较明显。美欧日三方的GDP仍占全球经济总产出的60%以上。西方仍主导现代科学前沿，在军事安全领域具有领先优势，并总体把持着国际规则和话语权。"西方衰落"恐怕还将是一个漫长的过程。

当然，面对危机，西方国家也在进行反思，并抓紧调整和改革。主要是几方面：一是推进制度改革。如欧洲把货币联盟进一步推向财政联盟，试图通过建立统一财政纪律化解债务危机的根源，同时向建立政治联盟迈出重要一步。美欧均着力改造金融业，改革税收和福利制度。欧洲通过法律对银行高管的奖金实行"封顶"。英国为整顿丑闻缠身的新闻业，破天荒地设立新闻监管机构，结束了其长期自诩的"新闻自由"历史。二是寻求新的经济增长点。主要发达资本主义国家相继出台以创新为核心的产业政策，在人工智能、医疗科技、信息通信、3D 打印、清洁能源等领域加大投入。美、加等国在页岩气开发方面取得重大突破。美欧准备启动"跨大西洋贸易和投资伙伴关系协定"谈判，通过降低贸易成本提振经济发展。三是从战略上调整。金融危机以来，西方内顾倾向明显上升，关注重点逐渐转向国内。特别是由于实力受损，西方被迫重算"经济账"，把投入进一步向经济和民生领域转移。未来 10 年，美军事开支将削减 8000 亿美元，英五年内军事投入将减少 8%，欧洲其他国家防务投入也一再下降。

西方资本主义困境的启示

启示之一：看到我们的道路优势，坚持道路自信。不论是推进改革开放，还是应对国际金融危机，中国特色社会主义道路用实实在在的成绩证明了自身的有效性、科学性，得到包括越来越多西方有识之士在内国际社会的广泛认可。2012 年以来，西方理论界围绕中国道路展开了一场争鸣。两名美国著名学者——麻省理工学院的阿西莫戈鲁和哈佛大学的罗宾逊出版的《为什么国家会失败》一书在西方学术界引起争议。该书认为，不采取西式民主制度的国家最终将走向治理失败，因此中国道路不可持续，最终会被证明是一次"短命"的发展实践。西方其他学者对这种观点表达了强烈质疑。英国《金融时报》著名专栏作家拉赫曼指出：中国改革开放在 30 多年间使全球数亿人脱贫、实现了长达一两代人的高速增长，对中国道路如此草率地"判决"已不可能再说服西方民众。如果继续这样罔顾事实，西方将陷入一场自欺欺人的思想危机。最近，又有两位美国学者出版的《21世纪的优秀治理：走一条东西融合的中间道路》一书也受到广泛关注，该书明确提出，未来的国家和国际治理应当兼收东西方文明成果。西方有识之士对中国道路都日益看好，我们对自己的道路更应坚定自信。

启示之二：看到我们的理论优势，坚持理论自信。中国特色社会主义的最大优势之一，在于坚持并发展了一套完整的理论体系。相形之下，西方执政党普遍存在的一个问题，就是陷入理论迷茫，缺乏成熟的理论指导，也没有系统的理论建设，每个政党上台后另搞一套，解决经济社会问题顾东望西，左右摇摆。英国《卫报》做了一个统计，称英国联合政府上台3年来先后进行了35次"U turn"（政策大调头）。这说明西方国家执政党缺少对经济社会发展和国家长治久安的战略思考，也谈不上把执政经验有意识地总结为理论方针、进行理论建设。西方的教训告诉我们，一个国家要发展好、少折腾，必须坚持一套行之有效、与时俱进的理论体系，否则就要走弯路。而立足中国实际、与时俱进、不断发展的理论体系建设和行之有效的理论指导，正是我们的优势所在。

启示之三：看到我国制度优势，坚持制度自信。纵观西方资本主义的困境，再对比中国特色社会主义建设的巨大成就，我们完全有理由对社会主义制度保持战略自信。我们坚持和不断发展的社会主义制度体系，已被事实一再证明能够最大限度适应当代中国的客观实际，满足生产力发展的客观要求。具有强大的社会动员能力，特别是集中力量办大事，不断提高人民生活水平和社会主义国家的综合国力，并有效应对全球化、信息化和多极化时代的复杂挑战。英国人经常感叹中国效率。他们常用北京首都机场建 T3 航站楼和伦敦希思罗机场建 T5 航站楼作比较，一个用了 4 年，一个用了整整 20 年。用英国《独立报》的话来说："和中国速度相比，英国体制实在是太过僵硬"。连像《泰晤士报》这样老牌的西方主流大报，在 2013 年年初的一篇社论中，也罕见地呼吁西方领导人学习中国的治理效率，克服西方制度弊端。

科学认识当代西方资本主义，既是一个理论问题，也是一个重大的现实课题。深入研究并准确地把握好这个问题，对服务我国发展建设具有重要意义。21 世纪第二个十年是我国实现全面建成小康社会、全面深化改革开放的关键时期。这要求我们必须把对内对外两方面工作做好，努力占领新的发展高地，赢得主动，赢得未来。

（2013 年 4 月 12 日《人民日报》）

谈谈宪政问题

■ 梅荣政

宪政问题是国内思想理论界争论的一个热点，既有学术研究层面的争鸣，更充满着意识形态的分歧，这是一个需要结合历史渊源和现实境况来深入辨析澄清的问题。

西方宪政的由来和实质

宪政概念是舶来品，其理论来源和具体内涵，学界历来看法不一。大致而言，有基督教政治文化母体说；有近代启蒙思想家自然法和契约论思想说；有既是基督教政治文化嬗变的产物，又凝结着近代自然法学说与契约论思想精华"结合"说；等等。大多数学者认为，宪政一词具有深厚的西方政治文化背景，是近代西方资本主义政治法律制度的基本标志。

有些学者根据《不列颠百科全书》等辞书介绍，称宪政主要指君主立宪和宪制政府。第 17 世纪后半期，英国学者约翰·洛克在著作中最早使用了"君主立宪"一词。19 世纪初，法国、葡萄牙等国最早使用了"宪制政府"或"立宪主义"等词。英国学者亨·哈勒姆著的《自亨利七世即位至乔治二世逝世的英国宪政史》一书，把英国的宪政史追溯到 15 世纪晚期。英国在世界上最早确立君主立宪政体。此后，随着自由资本主义的发展，经济势力强大起来的资产阶级，迫切要求彻底摆脱封建势力束缚，完全掌控国家政权。在民主共和的旗帜下，18 世纪后半期开始的法国资产阶级革命，彻底废除君主制国体，最终确立了资产阶级民主共和国。美国独立战争后，也建立了资产阶级民主共和国。一些国家效法法国、美国，在进行资产阶级革命夺取国家政权之后，先后确立了以民主共和为基本特征的资本主义政治制度，共和主义的宪政制度逐渐取代君主立宪的宪政制度，成为西方资本主义国家的宪政主流。

历史表明，资产阶级实施宪政，就是资产阶级在执掌国家政权后，用制定宪法的手段，把资产阶级的根本利益和阶级意志，用法律形式确定下来并保护起来，以此明确各阶级的社会地位及阶级压迫秩序的基本准则，并为制定其他具体法律提供依据。著名的西方宪法有英国的《权利法案》（1689 年）等系列法律、美国的《美国宪法》（1787 年）、法国的《人权宣言》（1789 年）等。这些代表性宪法，明确规定了国家政权的资产阶级专政性质、资本主义的国家制度和包括多党制、议会制民主、三权分立等在内的政权组织形式，为君主立宪和民主共和这两种西方宪政制度奠定了根本的政治和法律基础，对西方宪政制度的产生和发展具有示范作用。后起的资本主义国家，大都以英、美、法为范本制定自己的宪法并实施宪政。

上述史实表明了西方宪政的实质。从其理论基础看，它是以私有财产神圣不可侵犯和个人主义价值观为根基的；从其产生的过程看，它是近代资产阶级革命的政治成果；从其代表的阶级利益看，它代表和维护的是资产阶级的根本利益和意志。英国的《权利法案》、法国的《人权宣言》与《美国宪法》代表了资本主义不同时期的宪政内容，制定时间先后相差百年，内容各有侧重，但其立法精神、基本原则和重要内容根本一致。英国《权利法案》第4条，法国《人权宣言》第2、第17条，《美国宪法》特别是1791年通过的宪法修正案第5条，以不完全相同的表述，确定了一个根本的共同原则：资产阶级私有财产神圣不可侵犯。

有一种说法需要澄清，即，有人认为西方宪政的目标是民主，似乎宪政是实现民主的手段，或者说，先有宪政，后有民主。一些人正是以此发挥，认为现在不实行宪政，就是反民主，就是搞独裁。其实这是一种严重的误解。在近代西方，尤其在美国，民主起先在一些人眼里并不是"好东西"，而是"坏东西"，是一个近乎贬义的概念，民主与"暴民"是联系在一起的。从一定意义上讲，新兴资产阶级实施宪政，一个重要目的是制约甚至遏制"民主"，也就是要把"民主"用宪政的办法控制在资产阶级利益容忍的范围内。西方国家特别是美国把宪政和民主绑在一起，号称"宪政民主"，那是后来的事；至于将此作为"普世价值"对外输出，更是当代意识形态斗争的需要。

资产阶级为何需要宪政这种统治形式呢？因为这种统治形式较好地解决了资产阶级的财产权利同国家政权以及和其他阶级的关系

问题。恩格斯分析说：资产阶级利用自己的权利（财产），一天天地把政权从贵族手中夺走，除了金钱特权他不承认任何特权。对它来说"自由竞争不能忍受任何限制，不能忍受任何国家监督，整个国家对自由竞争是一种累赘，对自由竞争来说，最好是处在一个完全没有国家制度的状态，每个人都可以随心所欲地剥削他人……但是，对于资产阶级来说，无产阶级同样是必不可少的；资产阶级即使为了使无产阶级就范，也不能不要国家，所以他们就利用国家来对付无产阶级，同时尽量使国家离自己远些"。[①]恩格斯这段话深刻揭露了资产阶级利用国家机器（包括宪政）维护自己的利益的本性。西方宪政所设计的多党竞选、轮流执政、三权分立以及军队国家化、新闻自由化等政治法律制度，正是适应了资产阶级的这种需要。

围绕宪政问题的争论

在我国，宪政思潮在21世纪初逐渐兴起。分析近年来围绕宪政问题的有关争论，大致可分为以下几种观点：

第一种观点，被称为西方宪政观。认为西方宪政是"普世价值"，只有实行宪政，才有民主和自由，宪政民主是中国的唯一出路。强调社会主义制度只能导致集权、专制，必须对中国的国体和政体进行整体宪政改造，促进中国实现宪政转型。他们被理论界称为"激进宪政派"。他们也批评"社会主义"加"宪政"的观点，认同"宪

① 恩格斯：《英国工人阶级状况》，《马克思恩格斯文集》第1卷，人民出版社2009年版，第478页。

政关键元素只属于资本主义，和社会主义无法兼容"，认为主张"社会主义宪政"者显然是基于中国现有政治格局的一个妥协思路，可以理解，但太天真，社会主义与宪政是"水和火的拥抱"，根本无法兼容。显然，这种观点集中到一点，就是否定中国共产党的领导和中国特色社会主义政治制度。

第二种观点，被称为"伪社会主义宪政观"。认为只有实行宪政，才有民主和自由，但认为直接提西方宪政，不易被当政者接受，因此主张"渐进"改革，先提"社会主义宪政"或"宪政社会主义"等概念，引导当局逐渐走入西方宪政的轨道。他们认为，"通过激进手段（诸如推翻党的领导、颠覆社会主义制度的方式）来实现宪政是不可行的，要在中国实现宪政，只能通过和平演变的方式，一步一步进行"。持这种观点者往往声称，依宪执政就是宪政，要"维护宪法尊严"、"坚决履行宪法"，但同时提出，我国宪法中的许多内容与宪政精神不符，必须修宪。因此，持这种观点者，被理论界称为"渐进宪政派"，是"穿着社会主义'马甲'的西方宪政派"。

第三种观点，被称为"真诚的社会主义宪政观"。他们也主张我国应实行"社会主义宪政"，认为既然可以有社会主义民主、社会主义人权、社会主义市场经济，那么也可以提"社会主义宪政"；中国建立社会主义市场经济体制，促进了中国经济的发展，创造了"中国奇迹"，也可以通过建立社会主义宪政，为人类政治文明发展做出贡献。同时认为"社会主义宪政"的提法，既可以抵御对我国"有宪法无宪政"的指责，又方便国际性学术交流、对话，等等。持这种观点者细分起来又有多种情形，但总起来说，他们是想沿用和重新解释"宪政"，认为突出"宪政"可以更好地贯彻依法治国、依宪治国的方略。

由于围绕宪政问题的争论牵涉到各种立场的各种观点，不少问题混淆在一起，加上宪政问题以及相关概念的复杂性和模糊性，使得不少人对关于宪政问题本质的争论表示不理解。一些人认为，宪政就是限制政府的权力，实行宪政可以实现对权力的有效制约、监督和制衡，为什么要反对呢？有的人则认为，宪政就是依宪执政，不同意宪政不就是要否定依宪执政吗？还有的人认为，宪政问题就是要解决"党大"还是"法大"的问题，这有什么不好呢？等等。

必须指出的是，长期以来，我们党和国家一直强调"依法治国是党领导人民治理国家的基本方略"，"法治是治国理政的基本方式"，"依法治国，首先是依宪治国；依法执政，关键是依宪执政"，"党领导人民制定宪法和法律，党领导人民执行宪法和法律，党自身必须在宪法和法律范围内活动，真正做到党领导立法、保证执法、带头守法。"这些原则是明明白白和坚定不移的。可以明确地说，在今天的中国，谁想否定这些原则，谁想走否定法治的回头路，无异于痴人说梦。

新中国成立以来，中国就实行了人民民主制度，在这个国体和政体框架内，1954年即制定实施了《中华人民共和国宪法》。除了在少数不正常的时期外，宪法的修订和实施，始终是治国安邦的头等大事。在人民民主制度内，宪法的地位和作用是确定无疑的：宪法是国家的根本大法，是治国安邦的总章程；依法治国首先是依宪治国，任何组织和个人都必须以宪法为根本活动准则。而"宪政"作为一个特定概念，其本质内涵在西方国家是有共识的。用宪政替代人民民主，如果是为了提升现行宪法的地位和作用，那可能得到的是相反的结局。因为改用争议很大的"宪政"概念体系取代人民民主概念体系，容易使党和人民实践多年、在理论上经过反复论证、在实践上已取得丰富经验、在语言表述上十分明确又为干部群众所熟知的社会主义人民民主制度，产生严重歧义和混乱，造成对坚持人民民主制度的动摇，造成对中国特色社会主义制度的不自信，反而不利于统一全党全国人民的思想。如果说是为了树立在国际上的"民主国家"的"名声"，那只能是一厢情愿，因为只要不改变我国宪法的核心原则，不按照西方宪政的模式来改造人民民主制度，他们就决不会承认我们实行的是"宪政民主"。

在有关宪政问题的争论上，确实有不少同志是出于对落实依法治国方略的考虑，他们的基本政治立场是不用怀疑的。但必须看到，海内外遥相呼应的一些人，他们在谈论宪政问题时，明里暗里打出的早已是西方宪政的旗帜，从他们炮制的以颠覆我国宪法制度为宗旨的宪章宣言中，从他们设定的走向"宪政"的路线图中，哪里还能认为他们只是沿用了一个"中性"概念？哪里还能认为他们只是在进行正常的学术讨论？相反，他们是利用宪政概念的复杂性和模糊性，把宪政问题作为他们梦想的"政治体制改革"的突破口，矛头直指社会主义制度和中国共产党的领导。对这些人的政治目的，难道不应该洞若观火吗？对在中国要不要坚持中国特色社会主义政治发展道路、要不要坚持中国共产党领导这样的重大原则问题上，难道不应该旗帜鲜明地表明立场吗？

中国不能效仿西方宪政模式

历史是一面镜子，以史为鉴，可以知兴替。

近代以来，中国曾面临三种政治发展道路方案的抉择。第一种方案：是由北洋军阀再到国民党统治集团主张的坚持大地主大资产阶级专政，使中国走半殖民地半封建社会的道路。这一方案，也宣称要实现"宪政"，结果实行的是独裁。第二种方案：是由中国共产党提出的建立工人阶级领导的人民共和国即人民民主的国家，使中国走社会主义人民民主道路。第三种方案：是由某些中间党派的领袖人物和中间人士主张的建立一个效仿西方的资产阶级宪政共和国，使中国走独立地发展资本主义的道路。

历史和人民对这三种方案作出了庄严的选择。第一种方案遭到了中国人民的坚决反对，其代表者的反动统治被中国人民推翻了。第二种方案，即中国共产党提出的方案，逐步地赢得了全国工人、农民、城市小资产阶级和民族资产阶级及其政治代表的拥护。第三种方案，曾经被称为"第三条道路"，也没有得到中国人民的赞同，就是原先持有这种主张的人，除极少数走向反动阵营以外，绝大多数也认识到这种主张不具备现实可行性，并在实际斗争中站到了中国共产党和人民大众一边。

当前我国实行的人民民主制度，是中国共产党领导中国各族人民把马克思主义基本原理与中国具体国情相结合，经过长期戮力同心、接力奋斗、逐步建立和形成的制度，是人类历史上新型的社会主义民主政治制度。这一制度，把中国社会历史发展中的政治逻辑和新时代条件下的现实政治基础熔铸为一炉，把五千年中华文明中的政治精华和一切人类文明中的优秀政治文明成果熔铸为一炉，把科学社会主义的政治理论原则和广泛的社会共识熔铸为一炉，能够充分体现我国社会的根本性质和国情，能够发扬最广泛的人民民主，能够最大限度地保障广大人民的根本利益。新中国建立以来，尤其是改革开放以来，中国正是由于有了人民民主制度这一根本政治保证，才取得了在整个人类发展史上都堪称奇迹的巨大成就。

人民民主制度是历史的选择、人民的选择，又取得了如此了不起的成就，我们没有任何理由不坚持和完善这个好制度，没有任何理由改弦易辙效仿西方宪政模式。要认真地想一想，为什么在"宪政"、"民主"等问题上，西方一些人对中国如此"热心"和"关照"。江泽民同志曾指出："西方国家的一些人，总想把他们那套民主制度强加给我们，总想让我们实行西方式的民主。在这个问题上，我们同西方国家一直在进行尖锐的斗争。西方敌对势力打所谓的'民主'牌，实质就是要实现他们'西化'、'分化'中国的政治图谋。我们千万不能上这个当"，"搞西方的那一套三权鼎立、多党竞选，肯定会天下大乱。在这个问题上，我们的各级领导干部特别是高级干部头脑一定要清醒。"

当年苏共演变和苏联解体的一个重要环节，正是在"宪政"方案的诱导下，从苏联宪法中取消了坚持苏共领导地位的"第六条"，从而使得在苏联搞多党制合法化，坚持共产党的领导反成了"违宪"。近年来，西方民主被移植到非西方国家和地区后，造成了多少国家和地区的社会分裂、族群对立、政治纷争、政局动荡等严重后果，这些历史和现实的经验教训，值得人们反思。

从当前一些公开发表的文章可以看出，一些人为了在中国推行西方宪政，可谓用心很深，用功很勤。有当事人撰文披露：宪政话语在中国炒热的最初源头可溯及 20 世纪 90 年代初，国外有团体决定支持一批游离于体制外的自由职业者及中国一些大学、研究机构的自由派知识分子，他们拟定了一个雄心勃勃的计划，包括宪政研究骨干队伍的培训、当代世界各国宪政史资料的搜集整理以及当代中国宪政问题的研究等，而且"操作层面"的问题也尽量考虑到了。这样的"计划"，显然有战略上和策略上周到细致的考量。

以复杂和模糊的概念对一些政治问题进行学术理论包装后再行推销，是一些势力进行意识形态渗透的基本手段。对这样的政治战略和策略，我们一定要有十分清醒的认识。中国特色社会主义道路、理论、制度，是党和人民 90 多年奋斗、创造、积累的根本成就，必须倍加珍惜、始终坚持、不断发展。而一个基本的前提，就是一定不能妄自菲薄、舍本逐末、自毁根基，就是一定要坚守自己的信仰、坚持自己的信念、坚定自己的信心。

（《求是》2014 年第 5 期）

西方宪政民主是如何陷入制度困境的

■ 柴尚金

在西方文化传统基础上产生的宪政民主制度已经实行了几百年，其弊端有制度设计上的先天缺陷，也有后天墨守成规之不足。在多元、多样、多变的时代，世界政党政治发生了深刻变化，西方政党逐渐蜕变成"选举机器"，以西方多党制和议会制等为主要内容的"宪政民主"已成为极化政治和金钱政治的代名词，制度性困境越来越明显。

选票绑架了政党，选举成为民主的唯一形式

西方民主理论认为，只有实行竞争性政党制度，通过民意选择和政党博弈，才能产生出比较理想的执政党及领导人。然而，今天的西方政党已被选票绑架，政党政治成了选举政治，议会民主成了

选票民主，选票成为政客"登基坐殿"的敲门砖，按照选票多少排座次的"民主"规则发展到极致。为了多拉选票，候选人会使尽各种招数讨好选民，可谓"好话说尽"。一旦敲开了权力大门，所有对选民的许诺就变成一纸空文。如此弊端，使得选举远离民主，徒有形式，政党成为选举政治的傀儡。正如约翰·奈斯比特在《大趋势》一书中所言，今天西方政党几乎仅是为了提供一种构架来提供候选人而已。西方民主陷入制度性困境，主要是指这种民主只重视程序民主，将民主等同于选举和多党竞争，而且将选举被神圣化、简单化。选举不能保证可以组建人民希望的政府，也很难保障民众民主权利的真正实现。

只论党派不问是非，议会政府效率低下

西方设计多党制的主要目的是通过多党竞争来协调统治阶级内部的矛盾，防止统治阶级内部各集团的过度不平衡，以各党制衡来遏制少数人滥用权力。这一政治设计虽在一定程度上达到了对权力制衡的目的，但协调内部矛盾、提高政府效率的目标却很难实现。基于选票的考虑，议员往往立足于本党和地方利益，置国家整体和长远利益于脑后，将议会视为权力角逐和政治分肥的场所。议会"党争"只论党派，不问是非，相互攻击，互相扯皮，导致议会立法举步维艰，效率低下，议会作用弱化，一些重大法案得不到议决，甚至出现议会会期停摆的难堪局面。因朝野斗争激烈，互不相让，印度 2012 年夏季议会对以国大党为首的执政联盟提出的银行改革、

养老金改革、征地等关系国计民生的重大议案均未讨论，原定 20 天、讨论 48 项议案的会期，仅开会 6 天、只通过 4 项一般法案就草草结束。面对当前债务危机，欧洲一些国家的执政党和在野党都打危机牌，将危机视为打击政敌的机会，并不会真的坐在一起共商应对之策。另外，由于大党恶斗，达不成妥协，政府经常难产，甚至出现长期无政府局面。这些表明资本主义政治制度存在弊端：三权分立、议会民主，实际上是各干各的，相互攻击拆台，但出了问题谁也解决不了。

钱权交易大行其道，政党政治异化为金钱政治

　　金钱政治和腐败是与西方政党政治相伴而行的痼疾。金钱政治之所以"历久弥坚"，其根子仍在于西方政治制度的内在矛盾：民主靠选票，而竞选要靠金钱，金钱与选举的关联使得有些人很可能由于经费的原因无法参加竞选，表面上平等的候选人之间不可能做到真正的平等，靠金钱不可能选出真正代表老百姓意愿的人，金钱政治难以保持公正性和独立性。西方政治人物与资本利益集团之间并不是赤裸裸的一手交钱一手办事的权钱交易模式，而是通过一种特别的利益输出途径实现的，即利益集团影响政治人物，政治人物制定出偏向利益集团的公共政策，最终谋求各自的特殊利益。随着经济自由化、金融化不断发展，金融寡头如日中天，法力无边，日益成为西方经济、政治和社会的主宰。西方主流政党大都与资本寡头

同坐一条船，政客"傍大款"，政党与"金融大鳄"联姻，利益一体，"生死与共"。美国次贷危机引发的国际金融危机本是华尔街的投机家们惹的祸，但美国政府却运用纳税人的钱，为华尔街巨亏买单。欧洲各主流政党无论信奉什么，无论是主张大市场、还是主张大政府，都不会免俗，纷纷与大资本抱团联姻。各政党的政策主张虽有不同，但大同小异，都不会得罪大资本。原因在于没有资本寡头的支持，他们谁都不可能上台。民主离不开金钱，竞选需要大量金钱投入，仅靠个人口才和能力是远远不够的。虽然金钱不可能完全决定选举的最终结果，有钱并不能一定会选上总统，但筹措不到足够的竞选资金肯定当不了总统。日本《读卖新闻》社长渡边恒雄曾在自己的回忆录中对金钱政治有深刻的描述："为当政治家，就得从大佬那里来钱。等自己也具备了敛财能力之后，再分配给下面的追随者，培植自己的势力。在当今日本政界，这是铁律。虽然这是导致政治腐败的原因，但不这么干的人绝对成不了老大。"这样的选举不过是金钱铺垫出来的民主，选票公平也只能是金钱基础上的公平。

党派之争导致政治极化，政党恶斗引发社会分裂

美国两党轮替、三权分立的政治体制曾被西方视为最合理的政治模式，但近年来政治极化、党派对峙的美国"政治病"越来越严重。共和党与民主党在治国方略上针锋相对，许多主张明显对立。为什么美国政治日益极化呢？原因是金融危机下社会更加分化对立，利

益冲突更加尖锐激烈，民众的利益诉求明确，特别关注自己的工作岗位、退休金等现实问题。为得到更多选票和献金，共和党和民主党不得不回到保守主义或自由主义的"原教旨"立场，倾向于以极端口号来迎合选民需求。这就陷入一种制度性困境：竞选中观点越激进，相互斗争越激烈，就越能吸引本党选民和政治献金者的关注，而温和、理性、折中的声音却得不到肯定。媒体与选民阵营相互呼应，形成强大的舆论攻势，使得本已对立的两大阵营形同水火，彼此缺乏理性沟通和宽容理解，媒体与受众之间的相互影响进一步强化了政治分裂。面对债务和社会危机，欧洲两大政治阵营的政治理念和治理主张渐行渐远，在紧缩与反紧缩问题上斗争激烈，互不相让，政治极化加剧。党派之争引起拥护各自政党的民众对立，冲突扩大，发展下去，自然容易导致社会分裂。

寡头政治盛行，精英民主与草根民主对立

随着工业时代转向信息和网络时代，政党政治异化为寡头政治。寡头政治主要表现为西方政党日益脱离群众，党内事务由党内大佬操纵。出现这一现象的原因是西方传统党组织日趋松散，基层组织及党员作用不断弱化，而政党领袖和政党精英借助媒体作用突出自己的个人魅力和个人形象，党组织日益变成政党精英的助选工具。美国、英国、日本等国的主要政党逐渐被党内大佬所控制，大佬在党内常常一手遮天，垄断了党的一切资源。美国民主党和共和党的

候选人作为党的旗帜，可以调动党内一切资源为其竞选服务，党内决策等重大事务主要由总统竞选团队打理。日本自由民主党内部派系林立，各派大佬翻手为云、覆手为雨，随时都会自立山头，另组新党，寡头政治特点十分突出。然而，伴随社会日益网络化，草根政治力量异军突起，在当前西方国家抗议活动中，参加者多是失业的年轻人，而这些人是在电子网络中成长起来的新一代，他们不愿接受工业时代自上而下的组织形式，如传统的政党、政府、工会、公司等结构模式，而偏爱网络式、扁平化、无中心的平等参与模式。网络成为召集抗议活动的手段和渠道，没有核心领导和组织。每个人都是政治活动参与者，传统的精英政治与新兴的草根政治发生碰撞，对立加剧。

利益整合与调节功能弱化，政党短视行为突出

西方文化强调个体本位，在此基础上设计出来的多党民主制度突出不同利益集团的政党之间的相互竞争，希望通过竞争来实现不同利益集团的利益平衡。然而，西方一些国家的问题正是由于片面的多党竞争造成的，如"选民是上帝"导致国家决策短视，"人权至上"带来公民权利的滥用。多党制民主和人权的变异，放大了个人、团体利益和短期利益，损害了国家整体利益和长远利益。全球化产生了诸如生态环境保护、民族国家主权让渡、全球治理等新课题，这些是多党民主政治无力解决的问题。因为，政党是特定利益群体的

代表，它们的目标是选举的胜利和自己政党的利益，他们往往更关心与自己切身利益相关的局部利益和短期利益，而整个国家的长远利益、人类共同利益只是选举结束后的话题。为追求当前利益，那些比较科学、能够代表大多数人长远利益的方案往往不能被大家接受。在当今利益群体多样多变的形势下，西方多党竞争体制弱化了政党的利益整合功能，因此党派竞争导致社会改革困难重重。印度的计划生育政策虽有利于国家长远利益，但至今无法顺利推行，原因在于敢于提出这项政策的政党肯定会在选举中败北，没有哪个政党愿冒此风险。短期或局部利益导向下的选举民主，对于选民而言，就好像是在地摊上买东西，尽管有竞争、有选择，可还是买不到优质的产品。

西方民主移植"南橘北枳"，多党民主引发社会动荡

尽管民主作为价值理念已得到普遍认同，但多党民主在一些发展中国家常常引起政治动荡。"冷战"结束后，非洲国家迫于西方压力纷纷推行多党制。在一个接一个的总统、议会选举中，过去长期执政的大党和政治强人纷纷落马，国家政权普遍实现了更迭。这一度让西方颇为满意，认为西方民主在贫穷的非洲大陆已开花结果。多党制虽被移植到非洲，但并没有再造出一个西方版的非洲。相反，一些部族主义势力以政党为旗号、以地区为依托，相互间争斗不休，导致政局动荡，不断演绎着一场又一场政治危机。例如几内亚比绍

自 1994 年举行第一次多党制下的总统和国会选举以来，竞选变成了政治对手间的相互仇杀。事实证明，西方的多党民主、"宪政民主"在发达国家行得通，不等于在发展中国家就行得通。民主的实现形式因国情不同而富有多样性，盲目照搬西方政治体制，往往水土不服，不仅导致经济停滞、民生凋敝、社会动荡，而且扼杀了人民对未来的憧憬。

（2013 年 3 月 19 日《光明日报》）

埃及宪政变局带来的启示

■ 郭　纪

2011 年 1 月，埃及爆发大规模反政府示威，迫使执政近 30 年的穆巴拉克总统下台，成为"阿拉伯之春"的标志性事件。3 年过去了，埃及仍然没有走出政局动荡、社会分裂、民生艰难的困局，国家和人民面对的是一个充满不确定性的前景。

风云变幻的宪政之路

穆巴拉克倒台之后，埃及经历了一段革命胜利后短暂的"蜜月期"，人们欢呼胜利、显示团结、享受自由，热切期待国家的一切都变好。

埃及政权更迭反映了人民寻求变革、发展的愿望和诉求。美国对埃及事变并非一开始就支持，因为变革浪潮冲击的是亲美政权。

美国的态度，经历了从茫然犹疑到看风使舵的转变。眼看旧政权倒台已成定局，美国总统奥巴马站出来说话了，"埃及政府必须制定一条迈向真正民主制度的可信、具体和毫不含糊的路线"，"愿意提供埃及一切必要的援助，争取以可信的方式向民主过渡"。英国《金融时报》也以《别阻碍埃及走向民主》为题，解释了"在这个最大的阿拉伯国家建立一个还算成功的民主政体的好处"。按照西方的说法，埃及只要建立起符合西方标准的民主政体，所有问题就会迎刃而解。

在动乱中接管国家事务的埃及武装部队最高委员会，宣布解散旧议会、中止旧宪法，并任命了宪法修改委员会。2011年3月，以限制总统权力为主要内容的宪法修正案公投通过。2011年11月至次年1月，埃及举行人民议会选举，代表穆斯林兄弟会的自由与正义党赢得议会总席位的近一半，成为议会第一大党。在2012年五六月举行的总统选举中，自由与正义党推举的候选人穆尔西赢得选举，被公认为埃及历史上第一位民选总统。新总统就任后即主导制定新宪法，同年12月，经过两阶段全民公投，埃及新宪法以63.8%的支持率获得通过。至此，埃及有了经全民公投通过的宪法，产生了民选议会和民选总统，在形式上完成了向宪政民主体制的过渡。

然而，仅仅过去一年时间，埃及风云再起，开罗解放广场再次民怨沸腾，大规模反政府示威席卷全国，不过民众这次反对的已不是旧政权，而是他们一人一票选出的新总统。2013年7月3日，穆尔西主政刚满一年之际，埃及军方以"顺应人民的要求"的名义，罢黜穆尔西并扣押他，中止新宪法，任命临时总统，宣布将重新举行大选。世人评论：埃及的宪政民主之路又回到了原点。

治理国家与赢得选举是两回事

对埃及宪政变局的原因，各方舆论作了大量分析和评论。

穆尔西施政失误被认为是主要原因。穆尔西代表的埃及穆斯林兄弟会是一个有着80多年历史的伊斯兰组织，长期遭受当局压制，屡遭镇压，几经沉浮，但深耕基层，服务百姓，在埃及社会有着广泛深厚的群众基础，这是它能赢得选举的原因。但赢得选举是一回事，治国理政是又一回事。穆兄会长期在野，几度处于地下秘密活动状态，因而缺乏治国理政的经验和人才。大学教授出身的穆尔西高喊着"复兴，人民的意愿"和"团结就是我们的力量"等竞选口号上台，但主政后却难以兑现承诺，他在遭罢黜的最后时刻也承认自己施政上有失误。舆论对他的批评，包括政策缺乏包容性，"把国家的事业和穆兄会的事业混为一谈"，逐步失去世俗社会政治力量的支持；把自己同军方、司法系统、旧官僚等各方关系都搞僵，更换军方高层，解除总检察长职务，不到一年就两次改组内阁，多次撤换中央和地方政府官员，以致四面树敌；热衷于争夺权力，两次发布扩大权力的总统令都被驳回，颁布为总统扩权的"宪法声明"招致强烈批评，被指像一个垄断权力的"新法老"，并最终引爆抗议浪潮。

混乱局面客观上给穆尔西施政造成困难。政权更迭打开了埃及社会矛盾的"潘多拉盒子"，社会分裂加剧，夫妻反目、邻里成仇屡见不鲜，罢工、游行此起彼伏，广场、街头"你方唱罢我登场"，宪政民主沦为广场政治。穆尔西执政一年间，仅记录在案的示威游行就达9000多次，真可谓国无宁日。面对乱局，穆尔西深陷"两难"：

总统不集中权力就无法有效施政，集权则被攻击为专制独裁；国家治理需要稳定局势，公民自由又不能压制；面对乱局，不作为反对派会批评政府无能，动用警察又被指责为镇压民主；管理国家需要有经验的官僚，旧政权又必须加以清算；不撤换旧官员无法政令畅通，任用自己阵营的人又被指责为任用亲信；媒体舆论一边倒地支持反对派，打压媒体则会犯干涉新闻自由之忌，等等。实事求是地说，埃及总统真的不好当，穆尔西的活儿真的不好干。

归根结底，是国计民生不见改善。穆尔西主政之初，也曾提出过"百日计划"、"能源补贴改革"等经济改革计划，但一年后盘点，改善经济民生的目标基本都没有兑现。经济增长率重挫至2.2%，远低于政权更迭前5%以上的水平；失业率从9%攀升至13.2%，24岁以下年轻人失业率达40%；外汇储备锐减，本币贬值，外债和财政赤字激增；物价上涨超过8%，生活成本提高；停电成了家常便饭，加油车辆排长队苦不堪言。究其原因，埃及经济高度对外依赖，而国家不稳定，外资不断外逃，旅游业等经济支柱产业遭受致命打击；经济恶化和民生艰难，反过来造成民众抗议示威不断，政局动荡更甚，形成恶性循环。经济搞不好，民生无改善，是人民抛弃穆尔西的根本原因。

西方舆论大多批评埃及军方在宪政变局中干政，其实，如果不是军队发挥作用，埃及现在不知会乱成什么样子。穆巴拉克倒台，军方倒戈起了决定性作用；政权更迭之初的乱局，没有军队根本收拾不住；选举之后向新总统移交权力、穆尔西改组军队高层，军方表现总体上顾全大局；军方罢黜穆尔西并稳定局势，顶住了来自美国等西方国家的巨大压力。透过军方这些作为，人们看到的是埃及军队对国家利益的忠诚。正因如此，军队在埃及国内深得人心、广受拥戴。

形式大不过内容

埃及宪政变局带给人们诸多启示，值得我们深长思之。

启示之一：经济是基础，政治是经济的集中表现，又反过来给经济以巨大影响。经济是一个国家的"基本面"，政治变革的深层原因都在经济。埃及等西亚北非国家爆发"阿拉伯之春"，尽管起因、过程和结果各有不同，但都以2008年爆发的国际金融危机为大背景。美欧危机共振导致世界经济全面下滑，各国都感受到巨大冲击，这是经济十分脆弱的埃及等国发生剧烈政治社会动荡的根源。穆巴拉克倒台之前，埃及物价飞涨，尤其是食品价格涨幅过高，2008年就曾因面包供应短缺而发生暴动；失业率上升，尤其是青年群体失业率居高不下，2010年受过高等教育的人口失业率达到18%；贫富差距拉大，两极分化严重，贫困率为41%；经济结构畸形，旅游、侨汇、苏伊士运河收入、石油天然气出口这四大经济支柱全都严重依赖外部市场。穆尔西主政后，这些问题一个都解决不了，有的还在恶化；解决问题需要时间，但民主变革激荡起民众情绪化，根本容不下"耐心"这种东西，一些紧迫的国计民生问题因政治纷争被放在一边、不见改善。这是新政权迅速失去人民支持的主因。

启示之二：宪政是形式，国计民生才是治国理政的实质性内容，形式大不过内容。任何国家，制定和施行宪法的目的都应该是为了国家好、人民好，是为了保证良政善治。宪法可以修正，而人民是永恒的，宪法归根结底是为人民利益服务的。任何政治制度，如果不能持续增进人民福祉，都注定要被改变；任何政治变革，如果不能有效改善国计民生，都注定不会成功。民生不光是衣、食、住、行，也包括尊严、安全、权利、自由，但衣食住行毕竟是第一位的，解决好衣食住行问题从来都是治国理政的头等大事。西方宪政模式过分强调形式、程序，而忽视了内容、实质，搞形式至上、程序至上，使宪政程式化、公式化，实际上导致宪政的异化。埃及的宪政变局表明，公投、普选等等都保证不了宪法的权威和政权的稳定，形式终究大不过内容，徒有其表的宪政是根本靠不住的。

启示之三：民主在前进，衰退的是西方模式。冷战结束后，西方大举向世界推广西式民主。一些国家按照西方模式实行政治改革，但带来的不是经济发展、政治稳定和社会进步，而是政党林立、政局动荡、社会分裂乃至国无宁日，既解决不了腐败问题，也解决不了贫富分化问题，无休无止的政治纷争反而祸害国计民生，引发民众对西式民主制度的不满和鄙视。近年来，西方兴起"民主衰退论"，一些学者看到"民主化的失败并非个案，许多民主国家在过去20年间接连倒下"，因此认为"民主制度正在全球范围内大举衰退"。其实，衰退的只是西方民主模式，而各具特色的民主正在世界各国蓬蓬勃勃地发展进步。"阿拉伯之春"迄今带来的结果并不美好，但它反映了西亚北非地区人民的民主觉醒，代表了他们追求发展进步的美好愿望，理应得到国际社会的尊重。埃及变局带来的警示是，发展民主必须走自己的路，照搬西方模式会吞下水土不服、自取其乱的苦果。

埃及政局还在动荡中演进。按照临时总统曼苏尔颁布的宪法声明，临时政府组成 50 人修宪委员会，对穆尔西主导制定的宪法进行修订，经过激烈争论、逐条表决通过了新宪法草案。我们衷心希望埃及稳定下来，我们真诚地为埃及人民祈福。

（《求是》2014 年第 2 期）

乌克兰转型之殇：西化道路上的民主迷失

■ 张树华　赵卫涛

近期，乌克兰动荡的国内局势再次成为全世界关注的焦点。前总统亚努科维奇被议会解除总统职务，国家政治格局被迫再次面临重组。新组建的临时政府极力"向西"，而历史上原属于苏联的克里米亚实现"历史的回归"，重新纳入俄罗斯的版图。美国、欧盟、俄罗斯三方在乌克兰问题上的政治角力正愈演愈烈，内战甚至是分裂的阴影仍然像魔咒般笼罩在乌克兰上空。自苏联解体之后，政局混乱、经济衰败、社会和民族分裂等一系列问题便成为困扰乌克兰的西化、民主化之殇。是什么原因造成了乌克兰今天的乱局？未来的乌克兰究竟应该去向何方？这些都成了已经背负沉重包袱的乌克兰难以回避的政治难题。

西化道路上的民主迷失：
乌克兰最大的转型之殇

在俄语中，"乌克兰"一词有"在边缘"、"边沿地带"的意思。近代以来，乌克兰的立国之路一直都是历尽曲折，命途多舛。"在漫长的数百年时间里，乌克兰人作为一个民族，顽强而艰难地书写着自己的历史。然而，乌克兰此时只是作为一个地理学概念和民族学概念而存在，却不是一个政治学概念，因为不存在乌克兰这样一个国家。"直到苏联解体前后的 1991 年，乌克兰才成为一个真正意义上的独立国家。独立之初，乌克兰首任总统克拉夫丘克踌躇满志，梦想着自此能够迅速摆脱经济危机，挤进民主、文明、富强的"欧洲大家庭"。然而，20 多年过去了，乌克兰却几乎沦落到苏联 15 个加盟共和国发展程度"垫底"的境地。2012 年乌克兰的实际 GDP 仅相当于 1990 年的 69.5%。如果考虑人口逐年减少的影响，人均实际 GDP 为 30953 格里夫纳，仅为波兰的 1/4，相当于 1990 年的 81.1%。回顾乌克兰 20 多年的转型之路，我们不难发现，西化之路上的民主迷失无疑是困扰乌克兰最大的转型之殇。

1991 年 8 月 24 日，乌克兰正式宣布独立。在欧美等国提供的经济"援助"和改革"指导"等"画饼"的诱惑下，乌克兰盲目地进行了大刀阔斧式的"西化"改革。激进的市场化政策得以强力推行，西式"三权分立"原则和议会民主制被强行移植入本国政体。这些非但没有在乌克兰"生根发芽"，反而成了引发随后 20 多年持续性政局动荡和经济衰败的"定时炸弹"。"由于缺乏明确的经济目标和战略，政府所采取的一些措施仅仅是头痛医头，脚痛医脚，并未收到应有的效果。"因此，独立之初的乌克兰不仅没有实现经济的迅速繁荣，反而陷入了严重的经济危机之中。在内忧外患的冲击之下，克拉夫丘克在1994年的总统选举中黯然下台，让位于高举"改革"大旗的库奇马。库奇马上台后，力主推进国家权力结构改革，不断加强总统职权。1995年5月，《乌克兰国家政权和地方自治法》在议会获得通过，它"不仅改变了宪法关于总统与议会联合组织政府的规定，将组织政府和行政权力全部转移到总统手中，而且加强了对地方政权机构的领导，形成了由总统直接领导的垂直行政权力体系"。经济方面，库奇马政府纠正了克拉夫丘克时期的一些政策失误，经济危机有所缓和，恶性通货膨胀也得到了抑制，经济发展步入相对稳定的时期。然而，对国家政治制度的"矫枉过正"并没有从根本上使乌克兰走上有序和稳定的正常发展轨道。空前强化总统权力的总统议会制虽然暂时得以推行，但总统与议会及其内部各党派之间的矛盾却变得日益尖锐化。在库奇马执政时期，乌克兰各项经济和社会改革进展缓慢，腐败程度进一步加深，地区、民族矛盾不断积累发酵，这些都为后来乌克兰走上激进的"颜色革命"道路埋下了伏笔。

2004年年底，乌克兰爆发了轰动世界的"橙色革命"。在这场以总统选举中的舞弊问题为导火索的政变运动中，尤先科最终战胜时任总理亚努科维奇，成功当选乌克兰总统。当选后的尤先科迫于来自国内外的压力，对国家权力结构进行了重大调整。根据2004年12月通过的《宪法》修正案，自2006年1月1日起，乌克兰由总统议会制转变为独立之初的议会总统制，政府由对总统负责转为对议会负责。虽然仍是国家元首，但总统的实际权力已被大幅削弱。但是，这一权力分配结构改革仍未能从根本上化解政府与总统之间的矛盾。当总统与政府之间的矛盾不可调和时，频繁更换总理往往成为政治斗争的必然结果。而在议会内部，支持总统和总理的不同政治派别之间的激烈斗争也在不断加剧。由此，总统、政府和议会之间无休止的斗争伴随着尤先科政权的始终。在2010年的总统选举中，利用尤先科和季莫申科两派势力分裂的契机，亚努科维奇顺利当选总统。亚努科维奇执政后，废除了2004年通过的《宪法》修正案，将乌克兰的政体又改回总统议会制，总统的权力重新得到了加强。然而，2013年年底，以亚努科维奇放弃与欧盟签署联系国协定为导火索，反对派势力在全国迅速掀起要求亚努科维奇下台的浪潮。对示威游行处置失当的亚努科维奇被迫与反对派妥协，并最终被议会驱赶下台。2014年2月21日，乌克兰议会投票通过决议，恢复2004年宪法，这标志着议会和政府的权力重新得到扩大，总统权力则再次受到削弱，乌克兰重回议会总统制的改革起点。

　　针对国家权力分配和制衡制度的改革从未停止，始终是乌克兰国内政治斗争的核心议题。然而，令人遗憾的是，乌克兰并未在该问题上实现质的突破，各派势力在改革问题上陷入了"进一步，退两步"的怪圈。笔者认为，从事物内外因的辩证关系来看，由制度失范而导致的"政治无序化"无疑是乌克兰政局长期持续动荡的根本原因。历史地看，这种制度性缺陷也正是乌克兰独立20多年来盲目推行西化道路以致最终陷入民主迷失的必然结果。

乌克兰政治传统的深刻弊病

自苏联解体以来，脱胎于高度集中的政治经济体制下的乌克兰，在国家认同上长期难以达成共识。在漫长的历史时期内，乌克兰饱受外族欺凌，国土长期被分割统治。正是这种特殊的历史背景，造就了乌克兰传统上的"东西"之争。根据 1989 年的统计数据，"乌克兰总人口为 5170.7 万人，其中乌克兰人占 72.7%，俄罗斯人占 22.1%"。近年来，虽然乌克兰族人口比重有不断上升的趋势，但俄罗斯族仍旧占据较大比重，尤其是在南部的克里米亚地区，俄罗斯族的比重更是超过一半。从族群分布情况来看，乌克兰族主要分布于西部地区，俄罗斯族则主要分布于东部和南部。从民族归属感上看，"历史上由于长期处于俄国和苏联管辖之外，西乌克兰人要求建立独立乌克兰国家的愿望更强。乌克兰西部地区成为历史上乌克兰民族主义运动的主要活动区域，与较早并入俄国的东部和南部相比，表现出更多的亲西方特性。"独立以来，虽然东西乌克兰之间在维护国家统一问题上持相近立场，但由于语言、宗教信仰和经济发展水平等方面的差异，东西两地区之间的分歧有逐渐扩大的趋势。1992 年，作为乌克兰自治共和国的克里米亚就曾以议会决议的方式宣布脱离乌克兰，重新并入俄罗斯联邦。"独立以来，乌克兰历届政府为消除区域发展之间的失衡和减少族群关系中的不和谐采取了一系列措施，但历史上形成的东西部之间的差异，以及族群之间的隔阂很难在短时间内得到彻底改变。"可以说，在独立后的乌克兰，这种由族群差异而导致的"东西"之争在历次政治纷争中都发挥着不可忽视的影响力。

而在国家制度建设方面的严重缺失，也是乌克兰始终难以克服的转型障碍。独立之初，在尚未充分考虑本国国情的背景下，急于摆脱旧体制束缚的乌克兰便迈出了民主化的步伐。可以说，乌克兰独立以来的 20 多年，也是西式民主大行其道的 20 多年。然而，历史却已经充分证明，在乌克兰，西式民主所标榜的"自由"、"民主"、"平等"、"博爱"等美好愿景只是一幕幕虚假的民主化幻影。在历尽"民主"洗礼后的今天，乌克兰人不得不无奈且辛酸地承认：民主并不是一剂包治百病的"灵丹妙药"，名义上的西式民主带 的不是人民生活的安定与富足，更不是国家的稳定与繁荣，而只是无休止的政治纷争与社会动荡。从这个意义上说，来自国家内部的民主迷失无疑是造成今天乌克兰陷入转型陷阱的根本原因。

苏联解体之后，陷入西式民主化歧途的乌克兰非但没有摆脱在国家发展道路上的迷惘，反而陷入一轮又一轮的政治动荡，患上了严重的苏联解体"后遗症"。独立之初，乌克兰在国家道路的选择和国家政治建设方面一时陷入制度的真空期。于是，在"逃离"苏联、"拥抱"西方的口号之下，乌克兰几乎将美式的议会民主制全盘照抄。在乌克兰大多数政治精英看来，美国的两党制和三权分立无疑是实现政治稳定和国家繁荣的必然选择。然而，事实证明，美式民主在乌克兰遭遇到严重的"水土不服"。理想中的西式政党模式在实践中演化为少数寡头之间的争权夺利，尔虞我诈。"三权分立"的制衡原则也在强权政治和腐败横行中变得形同虚设。以宪法为例，乌克兰 1991 年独立，由于来不及制定新宪法，因而仍沿用苏联时期的 1978 年宪法。直到 1996 年 6 月 28 日，乌克兰才颁布了第一部正式宪法。但在2004年的"橙色革命"中，1996年宪法又被以修正案的形式推翻。而在2010年亚努科维奇当选总统后，2004年宪法修正案又被废除。2014年2月21日，2004宪法再度被恢复。短短十几年间，作为国家根本制度框架的宪法已经历了数次反复，完全沦为了政治寡头们"翻手为云，覆手为雨"的政治工具。

2004年，乌克兰爆发了"橙色革命"。对此，国际上一些政治势力无不感到欢呼雀跃、欣喜若狂，以为这是继"冷战"结束后国际民主化的"第四波"。然而，没过多久，当"颜色革命"的狂热褪去之后，一切又都复归了原形：宪法继续形同虚设，议会、政党和总统之间纷争不断，掌控国家的寡头们在不同政治势力的支持下继续上演着一幕幕你方唱罢我登场的政治闹剧。在独立后的乌克兰，国家的政治经济大权依旧掌握在少数几个寡头手中。他们或在幕后扶植代理人，操纵议会和总统选举，或凭借雄厚的资本实力，直接参与竞选。以近期重新复出的季莫申科为例，被称为"天然气公主"的她早在20世纪90年代前后的乌克兰私有化浪潮时期就通过成立石油公司赚取巨额利润。1996年，季莫申科又成立了"乌克兰联合能源系统"公司并出任总裁，该公司是乌克兰从俄罗斯进口天然气的主要经营商。在寡头横行的乌克兰，自上而下的腐败已经达到了空前严重的地步。根据"透明国际"2013年公布的世界廉洁指数，在总分为100分的测评中，乌克兰仅得到25分，在参评的177个国家和地区中位列第144位，连续多年被评为"严重腐败"国家。长期腐败得不到有效遏制，社会经济日益凋敝，广大普通民众的生活境况长期得不到改善，由此导致的社会矛盾和不满情绪一触即发。在此次乌克兰危机之中，正是因为亚努科维奇拒绝与欧盟签署联系国协定，才引发了来自西部的亲欧洲民众强烈的反对浪潮，并最终导致了亚努科维奇的下台。而早在三年前的 2011 年，时任总统的亚努科维奇以季莫申科涉嫌在 2009 年越权同俄罗斯签署天然气购销合同为由判处其 7 年有期徒刑。可以说，自"橙色革命"以来，乌克兰政局已经演变为尤先科、季莫申科和亚努科维奇三人你争我夺的角力场。期间，一场场翻云覆雨式的"政治清算"无一例外都打着"民主"与"法律"的旗号。乌克兰与其说是"民主化"，不如说是政治商业化、市场化、帮派化、地区化；与其说是民主政治，不如说是对抗政治、帮派争斗、清算政治和复仇文化。

与其说美国在输出"民主"，不如说在输出"动乱"

苏联时期，乌克兰一向以工业基础雄厚和制造业发达著称，经济发展水平位居 15 个加盟共和国前列。苏联解体 20 多年了，乌克兰是所有独立国家中经济水平下降幅度最大的，至今仍没有恢复到苏联解体前的水平。经济深陷谷底，政治动荡不已，除政治人物治国无方、缺乏责任之外，西方大国难辞其咎。自"冷战"结束以来，包括乌克兰在内的独联体地区就一直是美国全球战略的重点关注对象。因此，无论是前几年的"颜色革命"，还是此次"街头暴力"、"广场暴动"，都不乏西方大国和"民主谋士"们策划、煽动的影子。针对当前的乌克兰和克里米亚问题，美国总统奥巴马 3 月 12 日在白宫会晤乌克兰临时总理亚采纽克时，再次警告俄罗斯不要干涉乌克兰

"内政"，并强调美国"将与乌克兰站在一起"。克里米亚公投后，奥巴马则强调，克里米亚公投是在俄罗斯军事干预的"胁迫"下举行，违反乌克兰宪法，"美国绝不会承认公投结果"。奥巴马表示，俄罗斯的行为破坏了乌克兰主权和领土完整，"在欧盟伙伴的协调下，我们准备让俄罗斯为其行为付出更高代价"。但是，在表态坚决支持乌克兰的同时，奥巴马也"呼吁乌俄两国通过外交渠道解决纷争"。与2004年大力支持"橙色革命"有所不同，美国的上述表态反映了其在面对变化了的国际地缘格局和本国战略利益时的一种调整。

实际上，苏联解体后，美国虽然"没有一项明确阐述的统一的和始终如一的对独联体政策，但历史地看，美国对独联体政策的总体脉络却是十分清晰的"。对于美国而言，在全球范围内推广和输出美式民主和自由，始终是其对外战略的重要组成部分。对于乌克兰等独联体国家而言，向这些国家输入美式的民主制度和价值观念，促成"颜色革命"并建立亲美反俄政权，自然成为美国对独联体民主输出战略的重要目标。库奇马上台之后，推行更加西化的政治经济改革计划，美国也由此开始加大了对乌克兰的经济援助力度。而在"橙色革命"之前，鉴于俄罗斯在乌克兰所具有的传统意义上的影响力，美国虽然也从经济、政治、文化等方面不断加强对乌克兰的渗透力度，但一直未能打破俄罗斯在乌克兰长期保持的相对优势。直到2004年，在美国的积极鼓动之下，乌克兰爆发了"橙色革命"，亲美的尤先科最终当选总统，这也标志着美国对乌克兰的民主输出战略取得了"重大进展"。

从实施手段和方式上看，美国对乌克兰实施民主输出战略的手段是多样的，总体而言，主要由以下几个方面构成：首先，通过经济援助等利益手段不断促使乌克兰进行所谓的"民主改造"。在与独联体各国的交往中，美国往往将自身的西式民主树立为独联体国家民主化改革的终极目标。同时，充分利用乌克兰等独联体国家经济普遍落后的弱点，向这些国家提供大量经济援助，以此来促进它们在与俄罗斯逐渐疏远的同时与美国建立起紧密联系。"冷战"结束以来，为了在独联体国家中树立"民主样板"并达到反制俄罗斯的目的，乌克兰一直是美国最大的经济受援国之一。在此次乌克兰危机爆发后，为了帮助乌克兰应对"俄罗斯出于政治动机而采取的贸易行动"，奥巴马政府宣布向乌克兰提供10亿美元紧急援助，并推动国会批准国际货币基金组织（IMF）2010年份额改革方案，为乌克兰争取更多IMF贷款。

其次，通过培养和扶植亲美反俄的反对派领导人，寻求从内部瓦解并控制乌克兰。例如，尤先科就是美国长期以来最为倚重的反对派领导人之一。早在1999年，尤先科就曾出任乌克兰政府总理。尽管标榜实行独立的外交政策，但尤先科却一直将乌克兰加入欧盟和巩固西式的价值观念作为自己的政治纲领。据美国媒体报道，在"橙色革命"前后的两年时间里，美国政府一共向乌克兰反对派提供了至少6500万美元的政治献金资助。这些资金除了为尤先科与美国领导人会面提供方便之外，还用于支付总统大选前后的各项政治开销。而尤先科的妻子卡捷琳娜在2004年放弃美国国籍之前，曾在美国国务院供职长达6年。除尤先科之外，刚刚被释放出狱的季莫申科也一直是美国扶持的重要对象。在过去的10年间，亲美的季莫申科和尤先科与亲俄罗斯的亚努科维奇三人之间无休止的政治斗争与清算，正是乌克兰政局混乱、民不聊生最真实的写照。

　　再次，通过各种非政府组织不断向乌克兰进行民主渗透。在形形色色的非政府组织中，以成立于1983年的美国国家民主基金会最具影响力。该基金会的宗旨是"促进及推动全球的民主化，并向相关的非政府组织及团体提供资助"。实际上，除了一小部分民间捐助，该基金会绝大部分的经费都来自美国国会通过国务院进行的年度拨款。

　　最后，通过扶植各种"自由媒体"来进行思想舆论渗透。一方面，通过长期灌输，促使广大民众从思想上接受美式自由民主理念，彻底瓦解乌克兰民众针对西方的思想防线。另一方面，在总统和议会选举等关键时期，利用媒体来诱导舆论支持亲美的反对派势力，肆意攻击竞争对手。

　　总之，在"冷战"结束后的独联体地区，虽然始终标榜"美国的首要利益是帮助确保没有任何一个大国单独控制这一地缘政治空间，保证全世界都能不受阻拦地在财政上和经济上进入该地区"。然而，在揭开美国全球民主输出战略的表象之后，暴露的则是其赤裸裸的全球地缘战略企图。从本质上而言，乌克兰不过是美国全球战略格局中的一颗棋子。以美国为首的西方国家打着民主的旗号，向乌克兰输出的并非真正意义上的民主，而仅仅是导致无休止的混乱与无序的劣质民主。

　　　　　　　　　　　　　　（《人民论坛》2014年4月10日）

乌克兰是西方输出民主的最新牺牲品

■ 田文林

当前，乌克兰政局动荡不止，这固然是西方与俄罗斯等外部势力争夺使然，但"没有家贼，引不来外鬼"，正是由于乌克兰在独立后实行西方民主制度，由此引发政坛乱象纷呈，才使外部势力有隙可乘。

乌克兰等国坠入"民主化陷阱"，既是咎由自取，也是西方国家蓄意操纵的结果。早在"冷战"时期，美国等西方国家就将"输出民主"作为演变社会主义阵营的战略工具。1991 年苏联解体东欧剧变及随后竞相选择西式政治制度，正是这种战略生效的体现。在此之后，美国仍将"输出民主"和"民主改革"作为重要外交目标。1992 年，美国参议院通过一系列旨在支持俄罗斯及新独立的欧亚国家"进行民主改造及建立自由市场"的法案，向苏联地区提供财政援助，但受援条件是必须推动"政治民主"和"市场经济"。2003 年 5 月，美国参议院通过关于中亚国家政治制度的决议案，强调所有援助都要同民主化进程挂钩。2005 年，美国国会通过"民主主义推进法草案"，将世界各国分为"民主国家"、"部分民主国家"和"非民主国家"，强调要在"部分民主国家"推行"民主化"。近几年，美欧在非西方国家"输出民主"和煽动"颜色革命"的做法越发明显。乌克兰 2004 年"橙色革命"与 2014 年政坛巨变，都明显有美欧和各种西方非政府组织的身影。

西方国家之所以不遗余力地到处"传经送宝"，实际是将"民主自由"视为控制非西方国家的重要战略工具。

一方面，借"民主工具"扩展势力范围。从西方大国霸权视角看，发展中国家越是政治孱弱，缺乏政治自主性，便越有可能听命于西方，成为西方的势力范围。因此，西方大国竭力诋毁和抹黑那些适合本国国情的"强政府"制度，斥之为"独裁"、"专制"、"不民主"等，并伺机用"民主化"消解和削弱第三世界国家的政治自主性，制造出一系列更容易任凭西方摆布的"弱政府"。

乌克兰是欧洲唯一地处独联体、西亚和中东欧三大集团接合部的国家，具有特殊战略地位。如果乌克兰加入北约，俄罗斯就失去抵御北约的最后一道安全屏障。为了将乌克兰拉入西方怀抱，美国等西方国家下足了功夫。1996 年，美国在减少对俄援助同时，维持了对乌大规模援助，使乌克兰取代俄罗斯，成为继以色列、埃及之后的美国第三大受援国。2004 年乌克兰总统大选期间，美国与欧盟看中尤先科，向其竞选联盟提供了 5800 万美元，并最终通过"橙色革命"扶其上台。2014 年乌克兰政坛剧变同样是美国、欧盟、北约、国际货币基金组织等外部代理人共同策划的。美欧等西方势力支持所谓的亲欧派，并不是真心要为乌克兰带来"民主自由"，更不是为改善乌克兰人民生活，而是要将乌克兰变成围堵俄罗斯势力扩张的前沿哨所。事实上，2004年"橙色革命"后以及2014年亚努科维奇政府倒台后产生的新政权，都明显将"向西看"作为对外政策优先目标。

另一方面，以"民主化"削弱非西方国家经济强国的政治基础，使这些国家以边缘或半边缘身份融入西方主导的世界经济体系。从经济利益角度看，美欧等西方势力看重乌克兰，主要是乌克兰丰富的自然资源和巨大的国内市场，而不是乌克兰的"工业化国家"身份。在西方金字塔形的经济体系中，留给乌克兰的只是边缘或半边缘位置。因此，西方国家允许乌克兰融入西方经济体系，不便明说的前提条件，就是乌克兰"自废武功"，实现"去工业化"。而要想瓦解乌克兰这一经济根基，一个重要手段就是从上层建筑入手，通过"民主化"来制造"弱政府"，进而削弱其经济管理职能。乌克兰盲目移植西式民主制度，导致政坛内耗不已，经济发展至今没有达到独立前的水平。而对西方来说，乌克兰越是虚弱，就越需要依靠外部势力的援助，越容易屈服于外部势力的压力。当前乌克兰民主乱象使乌经济状况进一步恶化，经济濒临破产，临时政府不得不呼吁国际社会紧急援助。欧美借此机会提出苛刻援助条件，使乌克兰进一步沦为西方的经济附庸。

总之，盲目照搬西方民主，使乌克兰日渐丧失政治经济自主性，由一个极具潜力的地区大国，沦为任人欺凌的板上鱼肉。对其他发展中国家来说，乌克兰悲剧的最大教益就是，一定要警惕西方"输出民主"战略以及随之而来的"民主化陷阱"。

（求是理论网 2014 年 4 月 17 日）

乌克兰动荡对国家安全战略问题的启示

■ 卫建林

最近一段时间，全世界的目光都集中在克里米亚。中国人熟悉这块地方大半是因为它的美好风光、托尔斯泰的《塞瓦斯托波尔的五月》以及其他俄罗斯文学作品中和黑海及这里的要塞相关的作品。这里又是俄罗斯黑海舰队的驻地。2014 年 3 月 16 日，克里米亚公投，结果以 83.1% 的投票率、96.77% 赞成脱离乌克兰、加入俄罗斯。对于这一结果，奥巴马表示："永远不会承认"，还要俄付出"额外代价"。欧盟"正在试图发出最最强烈的信号，一个能让他们（俄罗斯）意识到问题严重性的信号"。面对西方国家的各种表现，普京表示：西方国家做得过了头，"跨越了红线"，他警告西方不要再激怒俄罗斯，称西方国家试图将俄罗斯"逼入墙角"。

世界不太平。对于国家安全战略问题的研究来说，这是一部最新教材。

乌克兰事件，至少提供给我们两点启示。

第一，人民群众基本生活条件的安全，也就是人民群众的衣食住行问题，属于国家安全的一部分而且是基础性的部分，也是国家安全的基本前提。

　　乌克兰曾经是苏联的一个加盟共和国，不仅是苏联的粮仓，而且被称为欧洲粮仓，在全苏各加盟共和国中，工程师比例最高、制造业和工程技术最发达。随着苏联解体，乌克兰宣告独立，原苏共中央政治局委员克拉夫丘克，摇身一变，成为乌克兰第一任总统。之后，在这一地区的崩溃衰落中，乌克兰国民生产总值下降75%，贫困人口占70%。政权不断"翻烧饼"。腐败丛生，贪官遍地，国家混乱和人民痛苦日益加深。原有的现代化工业企业轮番私有化，政治家抢先掠夺国家资财、成为寡头，普通人的工资和退休金不足以养家糊口，大学教授要靠私车跑出租补贴家用。军队每年军费只有20亿美元，连、排级军官的工资只相当于哈萨克斯坦的普通士兵。军纪废弛，靠卖武器混日子，从步枪、机枪到导弹，什么都卖。

　　在这样一个国家，谈论人民群众基本生活条件的安全问题，谈论食品、住房、就业、收入、教育、医疗、社会治安和生态环境的安全问题，谈论哪一位政治家出任总统的国家安全问题，简直是痴人说梦。于是，政坛上锣鼓喧天，出将入相，闹哄哄你方唱罢我登场，任何一个政权，随便谁当总统或是当部长，都注定短命。2014年2月21日，乌克兰曾经签署一个和解协议，但两天后就被街头造反的改革派撕毁，并发动政变，"一人一票"选出来的总统被赶得落荒而逃。然后是急不可耐地分赃：暴动队长被封为体育娱乐青年部长；暴动中的啦啦队长成了文化部长；阵前救护队临时工工头出任卫生部长。同时，解散王牌特种部队，强迫警察和特种部队队员当街下跪，为"镇压示威群众"的行为谢罪。紧接着，海军主力军舰和部分空军战机倒戈，陆军士兵纷纷开小差，响应政府宣布总动员的人数不过1.5%，军队"最多只有一半战斗力"。

令人啼笑皆非的是，由于近年来西方连续挑唆"颜色革命"，在乌克兰形成了一种新产业：反正不生产、不建设、不创造财富，有价值的、有实际意义的就业难上加难，相当一部分人索性不需劳动，以参加闹事为职业。1999年和2002年笔者两次访问俄罗斯，听说的乌克兰故事是，有人组织，用大卡车从郊区把农民拉进基辅，吃住全包，参加反政府游行，每天可得10美元。如果积极性高一点，呼口号吹喇叭，再增加二三美元，基本生活之外小有盈余。现在待遇提高。英国《卫报》报道，美国外交部、国际开发署、全国国际事务民主学会、国际共和学会、一些非政府组织，其他西方国家在乌克兰攫取巨大利益的部门和企业，为乌克兰反政府活动提供的资金越来越多。受雇参加暴力活动的人分工不同，报酬也不同，大致可以分为三类。普通和平抗议者30美元／天，充当人体盾牌的50美元／天，制造暴力冲突的100美元／天。这算得上一笔似乎可以进入所谓"中产阶级"的可观收入。

乱象甚至引起那位克拉夫丘克的愧疚。他2005年表示："如果在1991年，我要是知道祖国会沦落到如此状况，我宁愿斩断自己的双手，也不会签署《别洛韦日协定》！"

我们再来回顾最近几年世界上其他国家发生的一些重大事件：

在印度，性侵案多发。2013年，因政府对强奸案处理不当，引发百万人游行示威。

2013年，土耳其政府准备把伊斯坦布尔市中心的盖奇公园强行拆除，修建购物中心和兵营。就为这件事，6月2日，全国67个城市发生235起抗议示威事件。4日，又有24万工人、公务员、医生、建筑师、工程师罢工。25 日，罢工波及 23 个省。

2013 年 6 月，巴西政府宣布公交车票提价，引起全国抗议。6 月 20 日，巴西 140 个城市的 125 万人，迎着警棍和催泪瓦斯涌上街头。一个阳光、沙滩、美女、桑巴舞、通年狂欢的巴西，用《圣保罗页报》的话说："从天堂摔落到了地狱的边缘"。

人民大众基本生活条件安全受到威胁、侵害、剥夺，也许只有沉默中的怨忿，也许只有咬牙切齿中的忍耐、自杀或者疯狂的个人报复，也许只有零星的、局部的抗议声音，即便发展到全国范围的大规模游行示威，也未必立即导致政权垮台。然而所有这一切，无论如何都是政权不稳的活火山。

中国要保证自己的国家安全，既不能靠照抄照搬外国战略文本当作自己的条条本本，也不能靠几个能人关在屋子里编造出个什么设计交账。任何一件小事，只要涉及人民群众的基本生活条件安全，就绝对不能排除在国家安全战略研究的视野之外。

对于共产党人来说，解除人民的痛苦甚于自己的痛苦，我们的天职就是不惜牺牲自己，为人民争得和捍卫基本生活条件的安全。瑞金时代，毛泽东同志担任中华苏维埃共和国主席，在那样困难的战争环境里，要求所有干部和红军战士关心群众生活，关心群众生病问题、吃盐问题、生孩子问题等等。人民军队无论进攻或是撤退，都不惜牺牲，首先安排群众到安全的地方。美国学者斯塔夫里亚诺斯在《全球分裂——第三世界的历史进程》中，曾提出苏联道路和延安道路的问题。他所说的延安道路，就是毛泽东把马克思主义和中国实际相结合的道路，就是共产党"了解人民的疾苦"和知道怎样满足他们的要求。他在书里援引一位法国学者吕西安·比昂科的话说，中国民众拥护共产党，不仅是因为共产党的抗日活动，"更多的是由于他们的行为和关心人民的疾苦"。中国人民真诚地拥护共产党，为了革命甚至毁家纾难，就是因为共产党和党领导的军队，把人民当作父母一样。

中华人民共和国的政权是共产党领导的社会主义政权，是事事处处为人民服务的政权，其第一位的责任，就是保证人民群众基本生活条件的安全。任何发展和繁荣，都只能是立足于这个基础和为实现这个目标的发展和繁荣。离开这个基础和目标，所谓发展和繁荣，所谓国家战略安全，一概是空话，都靠不住。

第二，国家安全，需要国家的团结，在中国，首先需要党的团结，需要各民族人民的团结。

近年来，在西方民主、自由的喧嚣中，乌克兰国内处于分裂状态：东西南北分裂，俄罗斯族和乌克兰族分裂，亲俄罗斯的和亲西方的分裂，最严重的是政权和人民分裂。

苏共二十大以来，苏联当局及其主流舆论，歪曲自己的历史，丑化共产党和领袖列宁特别是斯大林的风向，始终没有停止，而且愈演愈烈。直到马克思列宁主义丢掉了，共产党变质了，社会主义制度垮台了，国家解体了，一大批西方扶持的新政客，疯狂参与掠夺国家和人民的财产先富起来。大规模私有化伴随着国外资本的进入。在乌克兰，连续发生推倒列宁像的事件。克拉夫丘克的继任者、"美女总理"季莫申科，苏联后期已经是为富不仁的石油寡头。她之后的亚努科维奇及其家族，又成为"煤炭大王"。他们不管、也不会管人民的食品、住房、就业、收入、教育、医疗、社会治安和生态环境的安全问题，充其量在发表竞选演说的时候忽悠一堆本来就不准备兑现的漂亮话而已。

中国不是苏联，更不是乌克兰。苏联解体，世界社会主义运动陷入低潮，中国巍然屹立。原因就是我们坚持社会主义制度，有一个团结的、坚强的、保持工人阶级先进品格的共产党，继续作为领导我们事业的核心力量。原因就是这个党继续高举马克思列宁主义、毛泽东思想的旗帜，特别是科学地、实事求是地评价毛泽东同志的历史功绩和确立毛泽东思想的指导地位。一切都在变，唯独这个具有决定意义的根基没有变。

这就是我们的定力。有这样的定力，中国变不成苏联，变不成乌克兰。乌克兰事件发生，一些志在搞乱国家、颠覆社会主义政权和共产党领导地位、投身美国怀抱的好汉，禁不住欢呼雀跃。和过去多次的演出一样，他们将再次失望。波澜起伏的国际风浪，使中国一次一次面临险象环生的复杂局面，一次一次经受严峻的考验，然而我们的国家将完整地存在下去，社会主义事业将继续发展。

国家安全，最重要的、具有决定作用的，是以共产主义信仰为核心的党的团结，是由党的团结所保证的维护社会主义制度的全国人民的团结，是在这一前提下围绕爱国主义的各民族的团结。

我们学习世界各国的先进经验，但是只有我们自己的经验，甚至自己犯错误和纠正错误的经验，才真正宝贵得无可比拟。我们不是靠先进武器战胜日本侵略者、国民党反动派和美国侵略者，而是靠一个革命政党和党所领导的军队，靠人民的信任和支持，靠共产党员、先进分子的牺牲精神、英雄主义和对人民群众的贴心贴肉的关爱，战胜强大的敌人和难以想象的困难。这就是毛泽东同志经常讲的精神变物质，也是邓小平同志经常讲的我们的最大优势。

社会主义自出现就处于资本主义的国际包围中。发展中国家一直处于国际资产阶级的压迫和剥削中。谁都想过一种没有敌人的、田园诗般宁静的日子。但是树欲静而风不止。向社会主义国家、发展中国家发动有硝烟的战争或者没有硝烟的战争，军事的、政治的、经济的、文化的、心理的直到网络的或者其他什么花样翻新的战争，是资本主义、帝国主义的本性、常态。在许多国家，包括这次在乌克兰，西方不仅给钱，不仅出谋划策，不仅培训动乱一线的勇敢分子，还不惜派出大员亲临指挥和煽动。基辅闹事的队列中，就有美国的参议员大呼小叫。国际斗争没有一天终止。这是研究中国国家安全战略问题不能不面对的严酷事实。

20世纪的50年代和60年代，那个时候我们穷，但是党的威信高，党和政府得到人民的充分信赖。在党的领导下，人民用各种形式组织起来，实现自己的利益，也保卫自己的利益。毛泽东同志讲，抗美援朝胜利，就是因为我们有人民战争。毛泽东同志讲政法，就是主张不要死守法律条文，而要依靠群众保证群众安居乐业。什么地方冒出危害群众安全的坏人，有时候不必出动警力，几位小脚老大妈在街上走一圈，就很容易识别和抓起来。这也是中国自己的经验。

"物必先腐也，而后虫生之"。乌克兰被认为是最"自由"的国家，已经"自由"到外来的敌对势力可以派人在基辅街头号召颠覆国家政权的地步。这再一次告诉我们，自己内部不出现问题，就能够保证人民大众基本生活条件的安全，就能够保证党的团结和全国人民的团结。有了人民群众的铜墙铁壁，任何外来的渗透和干涉都将失败。

（《红旗文稿》2014年3月25日）

从泰国危机看中国政治的合法性

■ 宋鲁郑

　　2014 年新年刚过，已经持续近两个月之久的泰国政治危机继续发酵：黄衫军再度走向街头，拉开封锁首都的序幕。虽然 2 月 2 日就是新的大选日期，但他们却现在就要求已经解散国会的英拉辞去看守总理的职务，把权力交给人民——当然也就是他们。

　　自从 2006 年民选总理他信在联合国开会而被军事政变推翻流亡海外以来，泰国的政治乱局已经进入第 9 个年头。如果从泰国走向民主那一天即 1932 年算起，其实这场乱局已经持续 80 多年了：30 多起军事政变，还有不等的民变。平均不到两年一次，是世界上军事政变最多、权力交替最频繁的民主国家之一。尤其是 2010 年军警暴力清场，造成平民重大伤亡，震惊世界。由此，政变——军人政权——大选——文人政权——危机——政变的循环就成为泰国政治的代表符号。而过去温和、微笑、善良、与世无争的佛教之国才是这个国家的象征，真不由令人惊叹民主的巨大力量。

177

更令人惊叹的是，苏联模式在东欧不过50年就宣告失败而被抛弃，中国实行不到30年就开始改革开放，可民主在泰国为乱80多年，就是无路可去。

泰国的民主乱象，学界早有丰富的分析与深入的研究。从文化的角度看，西方民主在亚洲水土不服。民主是在西方基督教、重视个人主义的基础上发展起来的，这和东方重视集体主义和佛教等格格不入。西方的民主制度有着一整套相互配合的社会机制、社会心理和共同信仰的基础，并不是仅仅把西方的议会制度搬来就可运作。从现实生活中来看，除了基督教国家实行民主达到了富强、稳定可算是成功以外，其他文化效仿西方的都不尽如人意。

从经济发展的角度看，泰国在没有实现现代化之前过早实行民主——曾经是第三世界的韩国是在威权体制下实现经济起飞之后才走向民主。事实上，人类历史上从来没有一个国家是在完成现代化之前实现普选民主的，而现代化完成之前实行普选民主的国家，也没一个成功的。

从社会发展的角度看，泰国缺乏中产阶级，形成了拥有大量选票的贫穷农村与实际掌握国家政治、经济、军事资源的城市阶层的无法妥协的对立，在作为现代国家的各项配套制度尚没有建立时就走向票选民主则必然导致乱局。这一观点以新加坡东亚研究所所长郑永年先生为代表。他认为民主的产生是有历史条件的，需要一些基本的国家制度建设。而且有些基本国家制度在民主化后就不可再建。

还有从西方渐进式发展模式不可重复的角度来论证泰国的民主危机。比如西方是先产生了民族国家，同时经历宗教改革、工业革命，产生了资产阶级。资产阶级通过资本的力量驯服了君权，获得了对政治权力的参与。而随后产生的无产阶级又以数量为筹码，迫使资产阶级对政治权力的开放，获得了参政权力。在这个过程中，才产生了政党和政党政治、建立了一系列的国家制度，社会结构也实现了从传统农业社会向工业社会和商业社会的转变。整个过程相当漫长甚至充满血腥。但现在没有哪国在走向民主化的时候可以复制西方，往往都是一步到位式的移植。

虽然泰国的民主乱象并无什么新意，但"常乱常新"，还是能够给世界一些启示，特别是对于自由派群体。

西方及西方民主的信奉者往往认为民主有效地解决了现代国家的合法性问题，对于现代国家来说，民主选举为国家提供了最为稳定的合法性基础。

但问题是，民主选举真的为现代国家提供了最为有效、最为稳定的合法性基础吗？我们看看今天的泰国，英拉经受议会不信任投票考验、解散议会提前大选，但并没有令反对派偃旗息鼓，甚至抵制大选，请问80多年来民主选举的合法性何在？社会的稳定性何在？

而就在此刻，南亚国家孟加拉第十届国会选举也在暴力对抗和抵制中举行。投票当天，上百个投票站就被纵火或暴力袭击，而遍及全国、持续数月的冲突已经造成500多人死亡。民主选举不但没有提供有效、稳定的合法性，反而成为国家动荡的主要因素。

不仅亚洲的泰国、孟加拉，还有欧洲的土耳其，作为最成功的伊斯兰民主国家，又发生了多少次推翻民选政府的军事政变？最为荒唐的是，发生军事政变的理由竟然是为了捍卫民主。还有今天非洲的埃及，穆斯林兄弟会在史上第一次公开、公正、公平的全民普选中获胜，按西方理论，它具有最稳定的合法性，至少要比穆巴拉克要稳定吧。结果，仅仅一年，就在广场民众的压力下，被军事政变推翻。随后引发死亡上千人的悲剧，全国一直处于动荡之中。显然，西方这种选举方式提供的合法性和稳定性在埃及这片土壤中，远远比不上它此前的政治模式。也比不上政治形态落后、但由于石油经济的成功而保持稳定的中东世袭国家。

拉美是从西方殖民地演变成现代民族国家的，与西方可谓同文同宗。但200多年来拉丁美洲一直在强人独裁、低效民主和军事政变之间反复拉锯，民主的稳定合法性又何在？事实上，所谓西方选举带来的合法性和社会稳定性，并没有在大多数非西方国家获得检验（不妨再看看今天的南苏丹、马里以及众多非洲国家）。就是西方本土，第二次世界大战后建立起的法国第四共和，不也是在内外交困之下，发生军事政变而变成历史的吗？那个时候，何来选举民主的合法性、稳定性？

上述国家惨痛的经验教训，给世人的启示有三：一是合法性是有文化和传统差异的。外来的合法性标准未必被另一种文化所接受。二是任何合法性都是建立在相应的条件支持之下的，最根本的一点还是政绩的合法性。假如埃及的穆巴拉克能使埃及避免经济危机的影响，或者穆兄会上台之后，经济迅速发展，民生得到改善，埃及还会发生这样的动荡和最后的悲剧吗？我们不妨再假设，今天的西方处于埃及的经济状态，是否还会有合法性？是否仅仅发生占领华尔街、伦敦骚乱、瑞典骚乱？三是一种新的合法性标准的建立是一个非常漫长的过程，就是西方，从神权合法性到民选合法性，也经历了近200年的动荡过程，付出了巨大代价。

中国作为一个非西方国家，假如采取西方的模式，显然无法排除上述国家命运的可能性。

应该说，不同的国家由于历史、文化和政治传统，合法性的来源是不同的。西方模式强调的是程序和过程，中国则是执政的成效，是政绩合法性。

西方自启蒙时期的英国社会理论家约翰·洛克时代起就提出，政治合法性来自群众或明示或暗示的同意，除非得到被管治者的同意，否则该政府不具正当性和合法性。而这种正当性和合法性实现的唯一方式就是民众投票。

所以在美国，尽管小布什执政8年就把美国从冷战后的巅峰带到低谷：发动两场反恐战争、经济政策失误和监管缺失造成一场全面的经济大危机，但是小布什政府的合法性并不受任何影响。

由于西方权力的合法性来自于过程，也就是选举，于是政治人物把更多的精力放到选举而不是治国上，甚至为了赢得选举和拉抬支持率而出台违背经济规律、政治和外交原则的政策。2012年是全球少有的大选年，为了赢得选举，政治人物可谓不择手段。奥巴马曾允诺结束对石油业的补贴，但这一承诺变得烟消云散。奥巴马曾允诺进行全面移民改革，但未能兑现。相反为吸引拉美裔选民的选票，他甚至采取了一项绕过国会的动作：让170万年轻的非法移民得以暂时合法地继续待在美国。

在法国，支持率低迷的萨科奇不惜下令选举期间不许企业破产、各企业要给职工发放1000欧元额外的红利。为了提高就业，迎合极右民众，冒着侵犯人权的风险，强行遣返罗姆人，为此引发欧洲人权委员会的强烈批评。其最荒唐的政策是如果加入法籍的外来移民触犯刑法，将取消其法国国籍作为惩罚，这显然违背了法律面前人人平等的原则。

政治人物为了提高支持率，甚至不惜选择对外宣战。法国介入利比亚内战、非洲马里之战，都令当时的总统支持率大幅飙升。2008年萨科奇也是在民意的压力下会见达赖，结果令20年良好发展的中法关系完全逆转，法国的国家利益受损。

中国台湾则表现得更为极端。马英九支持率只有一位数，很重要的原因是，他根据波动的民意治理台湾：一项政策出来后，一有批评的声音，就立即进行修改，最后成为四不像，成效全无，更没有任何一方满意。

和西方不同，中国传统上是一个注重世俗理性的民族，自西周起，衡量政权合法性的最终标准就是执政的有效性。当时提出的天命观，认为只有治国有方才能承续天命。弱小的周之所以取代强大的商，是因为商的暴政和周的德政令天命归于周。中国历史上的唐太宗李世民、明成祖朱棣、西汉末年的王莽，从程序上讲，三者权力都不具合法性，但由于李世民和朱棣创下罕见的文功武治，而成为后世典范。李世民更被视为自孔子以后数一数二的伟人。而书生式政治家王莽由于实行脱离实际、效仿周朝的改革，一败涂地，民不聊生。他篡位之举也就被历史完全否定，成为千古罪人。

中国共产党今天的合法性既有打天下的历史因素，也有今天宪法的明文确立，但根本还是60多年来的巨大成就。

1840年鸦片战争以后，中华民族面临两大历史任务：国家主权独立和重新统一、国富民强。不管是洋务运动、太平天国运动、戊戌变法、义和团运动、清末新政，还是辛亥革命、五四运动、中国新民主主义革命，贯穿其中的主线就是这两大历史任务。在经历了如此之多之后，直到毛泽东为代表的共产党带领各族人民创立中华人民共和国，历经 60 多年的奋斗才算接近完成。

今天的中国不仅主权独立，还收回香港和澳门，两岸统一的可能性也日益增强。经济上更是全球第二大经济体、第一大贸易国、第一大外汇储备国、美国最大的债主、制造业第一大国（美国崛起百年后第一次丢掉此冠桂）、210 种工业产品产量全球第一（人类历史上只有英国和美国曾有此荣耀）、钢产量超过世界的 50%、汽车消费第一大国、尚未自由兑换的人民币流通量超过欧元居世界第二、全球第三大对外投资国、世界五百强 86 家中国企业入围居世界第二、世界十大银行中国占包括第一名在内的四家，与金融大国美国分庭抗礼、全球十大港口中国占 8 席。

建立在经济实力基础上的则是科技、军事、航空、基础设施、体育、文化的起飞：载人登月第三航空大国；拥有核武器、航母的军事大国；专利申请世界第一；高铁第一大国；更是信息时代网民全球第一（美国人口的两倍）；移动电话持有量全球第一（超过 11 亿用户）；世界数一数二的体育大国；诺贝尔文学奖。

经济的发展最根本的目的还是改善民生。根据香港中文大学教授王绍光的分析，中国近年来掀起社会保障的"大跃进"：到 2011 年，城乡居民参加职工医保、城镇居民医保、新农合人数超过 13 亿，覆盖率达到 95% 以上；其中尿毒症、乳腺癌等 8 类大病纳入大病保障范围，补偿水平达到 90% 以上。个人医疗费支出比重 2011 年已降至 34.77%，"十二五"末将降到 30% 以下。就个人卫生支出占卫生总费用的比重而言，中国不仅低于世界 40.8% 平均水平，也低于高收入国家 40.5% 的水平，只是仍高于欧洲国家 24.8% 的平均水平。

此外，城镇职工基本养老保险到 2012 年已经达到 80%，这其中包括 1/6 进城的农民工。新型农村社会养老保险 2011 年即达到 3.26 亿农民，原计划 2020 年实现全覆盖，2012 年即实现。随后中央又在城市进行类似的城镇居民社会养老保险制度，2012 年实现全覆盖。三项合计覆盖人口达 7.88 亿，社会养老参保率接近 80%，中国建立全世界最大的养老保险体系。自 2009 年始，澳大利亚连续 4 年发布全球养老金指数，用 40 多个指标对各国的养老体系进行评估。中国排名第 15 位，高于经济发展水平在中国之上的韩国（第 16 位）和日本（第 17 位）。

另外，城乡低保总人数也超过 8000 万，基本将符合条件的人群纳入。

至此医疗、养老、低保三大社会保障制度完全建立。从 2000 年至 2012 年，中国在社会保障的支出从 5000 亿增加到 55000 亿，占 GDP 的比重从 5% 升至 10.5%。这个比重，2000 年和印度相同，2005 年超越亚太现今平均值，2010 年超越世界平均值，2012 年超越拉美与加勒比海地区的平均值，也超过中东地区平均值。中国社保方面的支出目前仅低于欧美发达经济体和东欧地区。如果说 2000 年中国是低福利国家，但到现在，中国显然已经不是。

当然西方显然无法理解的是，何以一个非西方民主国家，却有如此的动力提高国家的福利水平，甚至高于印度、菲律宾、印尼、韩国、拉美等民主国家。要知道福山 2010 年还斩钉截铁地这样评价中国："关于农民的养老金及医疗保障等，他们的要求是一个没有组织起来的力量，所以就不会有相应的强有力的政治影响力"。但何以 2 年之后，就已经完全建立起来了呢？当然在西方，没有政治影响力的集团肯定会被忽视，但这是中国！如果非要以西方的"民主"理论来衡量中国的话，那么能够更加有效、理性回应民意的制度是不是更为民主的制度？

提到中国百姓生活水平的提高，还有一个数据不得不提。2012年，中国海外旅游人数超过 8000 万，消费额则居世界首位。据预测，2020 年出国旅游人数将达到 2 亿人的规模。

中国巨大的成就甚至都可以从中国崩溃论者们那里得到印证。2012 年年底出版的《中国危机》(The China Crisis, James R.Gorrie)，有这样的分析：一旦中国崩溃，美国的债券市场将一夜之间崩溃，美元不再是世界储备货币，世界经济进入大萧条。这将立刻在美国引发社会骚乱，天文数字般的通货膨胀将使美元成为废纸，所有美元定价的产品如股票、房地产也将一文不值。全球的经济基础不复存在。当欧洲最大的资本和市场来源消失后，欧洲也将萎缩。中国的崩溃将导致世界贸易和金融的崩溃。中国的解体意味着世界的解体。 正是以上的巨大成就奠定了中国共产党在中国的合法性，同时也得到中国百姓的信任，今天的体制适合中国国情也是社会主流共识。而根据西方的理论，合法性不就是"包括一套制度有能力激发和保持民众的信任，使民众相信现行的政治工作制度是最适合当前社会的"（西摩·马丁·李普赛特）吗。

这里需要思考的是西方和中国自由派对中国模式进行质疑：经济不可能永远高速增长，假如无法满足民众的需求或者绩效下降时，中国如何解决危机？

不错，中国不可能永远保持高速的经济增长。但当中国成为全球第一大经济体（国际货币基金组织测算最快 4 年之后即 2017 年，一般认为最迟 2020 年），民众生活达到很高生活水准的时候，即使中国经济增长和今天的西方一样，其合法性同样不会动摇。毕竟，中国即使问题再多，但全球第一的绩效将使其难以被否定。

泰国就和其他许多误入民主歧途的第三世界国家一样，在可预见的未来，难以走出民主的乱局怪圈。但是，泰国的代价不会白付，它将作为警钟伴随中国的崛起。或许等到中国模式拥有西方现在的地位之时，便是泰国重生一刻。

（求是理论网 2014 年 1 月 7 日）

解读美国的民主观和民主制度

■ 杨润广

美国高扬民主的旗帜，热衷于在世界上推行民主制度，宣称美国民主代表着文明理想，有着普世价值，试图按自己的意志和国家战略建立所谓的民主世界，貌似美国是民主制度的卫道士。但具有讽刺意义的是，直到建国近200年的时候，美国才停止拒斥民主制度，20世纪60年代才完成了公民权制度的构建。如果民主被认为是神圣的制度，美国自身的行为和民主实践就是反面的证明。

共和与民主的矛盾

美国的宪政制度充满矛盾，历经200年共和与民主之争，直接民主制与代议民主制之争，今天美国的政治制度虽然仍然有着影响力，但是出现了政治和理论困境。

美国的宪法制度不是民主制。美国建国时，出于对民主可能产生下层民众决策导致资本权力失控的担心，设计了各种保护少数人（富人）权力的法律制度，实行了避免多数统治的共和制，而不是代议制民主制，更不是直接民主制。美国当代更多地把共和制称为民主制，是想让民众觉得美国的制度就是"主权在民"的民主制，以偷换概念的方法使民众感到自己在管理国家。美国坚持宣传民主制，避谈共和制，是有政治目的的。民主制度的定义被混淆，导致了两个世纪的关于民主制度内涵的论争。

美国政府不热衷于推行民主。美国联邦政府建立后，没有认真落实《独立宣言》宣称的价值理想，没有积极推进民主制度建设。联邦宪法中规定了议会、总统、最高法院等权力，却没有公民权利的内容。在声称"人民主权"的国家，宪法中只字未提人民的权利，不是疏忽和失误，而是统治阶层有意拒斥推行自由理念和民主制度。美国不积极兑现《独立宣言》，在民众大规模的社会运动下，美国才被迫出台了《权利法案》。美国在很长的历史时期没有按照"人生而平等"的准则废除奴隶制和种族歧视制度，也没有改变妇女的从属地位。宪法完全把黑人奴隶和印第安人排斥在外，不仅不给予他们民主权利，甚至把种族歧视规定写进了宪法。严重的种族歧视和性别歧视，经过民众流血斗争才得以解决。直到1920年美国女性才获得了投票权，美国黑人经过了无数代人的奋斗与抗争，20世纪60年代才争得了参加投票选举的权利。

美国式民主不重视真正的平等。宣称拥有平等权利的美国，历史上从来不认真对待平等问题。美国式民主，在相当长历史时期，有权参加投票的只是那些有资产和纳税的有钱人，只占人口的

1/10。美国财产占有严重不平等，财富的垄断导致了贫富差距进一步拉大，造成不同阶层之间的鸿沟。据美国政府的统计，当前占美国总人口5%的最富的人的收入，占美国总收入的50%以上，而占总人口1%的最富的人占美国财富总量的38%，占总人口80%的一般家庭的财富只占美国财富总量的17%。经济上的不平等导致政治、教育、卫生等社会各个方面的不平等。社会矛盾冲突剥去了民主的假象，"占领华尔街"的抗议者抗议社会的不公，发出了"在美国，1%的富人拥有着财富，99%的人为国家纳税，却没有人真正代表我们"的呼声。实际上，美国对社会平等和人民主权的神圣原则始终不重视，美国社会严重不平等的现实剥去了民主制度的粉饰。

美国式民主制保护的是资本利益。当代美国，政治统治主要是通过各种利益团体妥协而得以实现，美国制定联邦宪法，强调防止为少数人的不法利益所左右，但现实的美国是利益集团和金权政治所主导，私人的利益集团实际上左右着社会，民主正在越来越丢掉了人民主权的掩饰，美国的民主社会，对私人的利益集团的操控采取承认和保护的态度，现代的民主制与资本经济利益结合在一起，从而形成了资本政治。

美国民主规避不了腐败问题。美国民主制社会形成了大的政党和"利益集团"，全部政治过程就是各种利益团体之间在政治上讨价还价，利益集团通过各种手段对于国家政策施加影响，政治交易充满了腐败。美国式民主历程充斥着腐败，用钱贿赂选举的代表、新闻媒体和记者，政府和金钱操纵选举等现象比比皆是。美国从政治到资本市场上丑闻层出不穷，社会上功利主义和个人主义横行，道德丑闻和政治领导人丑闻不断，美国现实社会同宣称的社会理想完全不同。

美国热衷对外推行民主制度。第二次世界大战后美国开始高调宣扬民主，把民主说成是社会理想，对外积极推广民主制度。美国以自由选举为幌子，宣传只要实行民主制度就能解决不发达和社会动荡问题，把国家不发达的原因都归咎于不民主，全力在世界上推广民主制度，甚至不惜运用武力推翻合法政权。但是，将民主引入发展中国家带来的是社会混乱，经济停滞，道德沦丧。美国对全世界输出民主，但却实行双重标准，无视民主的宗旨和国际法，动辄使用武力，在世界上引起了混乱和恐怖主义。美国起劲向其他国家推行民主，而不是创造条件真正实现宣称的"主权在民"的本国民主制度，说明了美国式民主的利己性、强权性的实质。

自由与民主的矛盾

建国初期，美国共和主义占了上风，共和主义思想，价值观中同时包含了自由、民主等思想元素，实践中则把自由和民主价值当作工具，将其融入共和制中。

共和制思想强调政治权力的公共属性，共和政体奉行的政治原则不是民主制的人人平等，而是等级平等制度，严格从政治角度界定平等，坚持不涉及任何财富分配的均等权利。美国建国时崇尚罗马共和国的制度模式，吸纳了古罗马的共和制思想，但由于建国时美国受到自由主义和民主理念的强大影响，美国共和主义与自由、民主等思想进行了长期博弈。为调和与自由、民主价值的矛盾，美国诉诸法治与宪政，确立了宪政和法律的神圣地位，认为宪政民主是实现个人权利的根本途径，宪法对于政府和公民具有最大的权威。但是宪政与自由、民主有着巨大的逻辑矛盾，在信奉自由民主价值观的国度里，把宪政放在超越一切的神圣地位，难以找到政治上的合法性根据。

自由主义是由理性主义抽象、从概念中推理出的价值观，抽象的个人权利是自由主义民主理论的出发点，反对任何超越抽象个人权利的政府权力权威，反对建立强大的国家和国家秩序。自由主义在美国政治实践中并不成功，被认为只能发生无休无止的冲突和纷争，妨碍政府推进公共福祉和治国安邦。共和政治约束了绝对自由的理念和行为，自由主义被迫适应共和制度建设的制度形势，形成了自由主义的民主理论。美国自由主义民主理论，不是强调人民参与和决定，而是重在通过选出代表参与民主决策，通过竞争性政党选举等机制获取权力。自由主义的民主论强调为了保护个人权利，人们通过订立社会契约建立国家，以保护个人权利免受他人侵犯，认为国家权力是个人自由主权的延伸，同时自由主义民主坚持个人自由的价值，国家制度只是保护个人自由的体制。美国在宪政制度实践中，关注自由和民主的矛盾，但体制实验证明自由主义在政治体制中不可行，建设一个强大国家需要权力权威使之有效运行，共和主义把权威和秩序视为实现自由的前提，在政治实践中约束和统辖自由主义。共和价值观制约了绝对自由的理念，置换了自由主义"不受约束"的内涵，把自由主义纳入到共和主义的体系中。美国共和自由观引导了自由主义的重大转向，抛弃了自由主义的基础和理论的神圣。

近几十年美国开始强调共和与代议制民主是相通的，不顾共和与民主价值理念、目标和制度构架性质的不同，宣称美国就是民主制度，实际上想表明美国坚持的是人民主权原则，是一切权力皆来自人民，政府代表人民的意愿。但是，民主政治应该体现在国家在重大决策上，通过制度体现人民的愿望，仅仅是公民选举领导人的制度，失却了人民参与决策的民主实质，选民又难以有效地控制政治领域实际执行过程，民主政治在美国并没有真正的实践。

美国民主制度的本质：为富人的民主

美国建国后的历史进程中，始终面临着制度实践中的困境，不断调整着制度形式，进行了制度结构与意识形态的调适，形成了复杂的制度构架和多元价值理念的制度。今天复杂的美国式民主制度，已经难以从实际运行中表现出来的形式来认知，需要探索美国制度的内生机制和深层动因。

民主制度的历史探析。美国长期不热衷于民主制，现今却积极宣扬民主制，弄清这一矛盾的态度，需要清楚历史上真正民主制度。民主作为国家政治制度，首先出现在古希腊的雅典城邦。普遍的说法是，由公元前6世纪梭伦奠基，经由克里斯特尼的改革，在伯里克利时代趋于成熟，而实际上民主制度是在伯里克利时代才实现的。但到现在为止，世界上几乎没有"复制"雅典式的民主制的例证。美国对雅典民主制有着实用主义的态度。一方面憎恶真正的民主制，攻击雅典民主制是"暴民统治"，是对少数人（富人）的侵犯。早期美国统治者认为"民主是一个最坏的字眼"，认为人民统治或政府遵从大多数人的意愿的民主是一件坏事，是"对于个人自由和文明生活的优雅质量都是有致命危害的。"这是针对代议制民主说的。另一方面在需要证明代议制民主的正当性和利用民主价值观的神圣性征服世界时，美国就称为民主制度起始于伟大的雅典民主制度，试图把现今选举式的少数人统治制度与雅典的民主制度相联结，证明美国等国家实行的是"主权在民"的民主制度，由此美国有了强制其他国家实行民主的道义权威。美国对真正民主制度的矛盾态度说明了其对民主制度内在的政治动机。

美国共和主义宪政制度解读。美国在建国时期按照共和政治理念设计了政体，排斥民主制度，即使是对代议制民主也持反对的态度，始终把美国政府称为"共和政府"，而不是今天美国标榜的"民主政府"。独立战争后美国各州掀起了民主浪潮，社会下层积极参政，平民主义威胁到了各州富人绅士们的财产权，为此统治者欲通过制定新宪法来解除民主对财产的威胁，将民众排除在政治体制之外。美国"宪法之父"汉米尔顿和麦迪逊认为，制定美国宪法的目的是用来"阻止民主的冒失表现"，美国宪法遵循的原则是"应该这样组成政府，使富裕的少数人得到保护，不受多数人的侵犯"，为此美国在各州进行共和政体的实验。由于美国《独立宣言》宣称的民主和自由理念超越共和主义成了政治倾向，各州制定宪法、组建新政府，民众积极地参与，代表民意的议会居于支配性地位，增强了民众的力量。由此，富人绅士们认为威胁其利益、动摇其统治，公开诋毁辱骂和抹黑民主政治和人民大众。亚当斯称，倘使民主分子多分得一些立法权，即让他们在立法机构中起支配作用或占优势……他们就会通过表决剥夺你们的财产。现实情况是各州民众选举的权力（州议会）取代了政府的职能，导致各地政府的无政府状况，造成国家几近分崩离析，共和政体实验出现了严重的问题。为建立强大的中央政府以保证财产的安全，美国以不合法理的方式通过制定新宪法，设计了一个防止人民民主的制度准则，以建立强有力的中央政府，自上而下地制约各州"疯狂的民主"。缺少足够权威的中央政府是共和国的致命弱点，政府的权力都由自由民选的立法机构掌握，无异于"一种选举的专制主义"，这就清楚表明了自由和民主与共和制度有着难以逾越的矛盾。在制宪会议上，美国的精英们强烈抨击了民主和民意的影响，认为"所有的社会都分成了少数派和多数派。少数派包括富人和出身名门之士，多数派包括人民大众……应该使少数阶级在政治上享受特殊的永久的地位。他们可以阻止多数阶级的骚动。"由此抽去民主的实质，只保留民主的形式，让民主沦为一种对财产无害的形式民主。在形式民主的基础上美国设计了保持国家强大，避免多数统治，避免少数人（富人）的权利受到侵害，避免比重小的群体面临集体强制的制度。限制民主就是在权力结构中贯彻分立与制衡的原则，让人民主权原则徒有其表，削弱代表民意的议会的权力，以分权原则分割立法权。由此国会被分为众议院和参议院，同众议院相比，由州议会选出的参议院代表难以与人民有着共同的"利益和情感"，多数的意志首先在立法机关内部就遭到了阻挠和制约。亚当斯强调"要建立一个使富人的自由和财产感到安全的参议院，以反对穷人占多数的众议院的侵占"。以参议院制衡表达民意的众议院，否定了民主机制在共和政体中的支配地位。美国对行政权制衡，总统的选举是由选民选出选举人，再由选举人选举产生，这样总统也与人民没有直接的联系。总统被赋予了与议会完全独立和有权威的行政权力，以政府的稳定性和有效性保障少数人的权益，实际上美国总统是稍受限制的君主和专制独裁者，当反对派以"美国的新政体已经带上浓厚的君主制色彩"进行批评时，美国宪政设计者强调"优良政体的真正检验标准应视其能否有助于治国安邦"。共和制同时设计了有最大国家权威的联邦最高法院，认为"对民主的限制中最为重要的就是高院取消违宪法律的行动"。最高法院不受命于民意立法机构，法官是由总统提名、参议院批准任命，由此法官们与人民群众失去了任何联系，如果处于多数的穷人触犯了少数富人的既得利益，法院就会站在少数既得利益者一边宣布多数制定的法律因违宪而无效，实际上是将司法贵族的意志置于人民的意志之上。通常人们都认为三权分立、权力制衡是反对专制、限制政府权力和维护民主的体现，实际上统治者认为危险主要来自人民和民主，确定宪政原则是用来对付人民和民主的。权力制衡是对人民主权原则的反动，认为"分权原则是业已设计出来的对民主制最有效的限制"。制宪者们的巧妙意图就是将整个权力分散到几个不同的部门中，权力相互牵制，使其不能达到危害少数富人的目的，这就是美国权力的分立与制衡的内在原因。美国权力分立和制衡实际上是对人民权力的分解，是对至高无上的人民的意志的制衡，这就是"美国宪法对古今民主典型的宝贵改进"，这样的共和制度被认为是有利于美国繁荣的形式，是有利于美国制度长久延续的。

平等思想的美国式的解读。在资产阶级革命中平等的口号获得普遍赞扬，美国《独立宣言》指出，人人生而平等，造物主赋予他们若干不可剥夺的权利。平等成为强大的思想力量。"人人生而平等"，但是现实中的人并不平等，民主理论与现实之间存在着巨大的鸿沟。民主制度真正实行的前提是适当的财富分配，确保所有公民获得有效地实现其基本权利的必需的手段。美国建国时的平等观念意味着身份平等、政治权利平等和财产平等。建国时期美国社会财富相对平等，但建国后随着经济加快发展，下层民众的经济境况恶化，两极分化等经济不平等的现象加剧，民主制度失掉了经济基础。由此美国开始了积极构建保护资产者的共和政体，开始了在经济不平等的基础上建立共和政体的尝试，重新构建了以财产不平等为基础的共和政体。公平的经济社会需要公平的政治制度机制来促成，但是美国式资本社会不存在私人和社会利益一致的原则，民主制度也是建立在权利不平等基础上的，市场在自由运作的时候，选择的必然是效率，保证了效率却失去了公平原则。美国社会始终不是按平等的原则进行管理。19世纪到20世纪，美国处于高度的贫富不均状态，有名无实的民主政治体制未能代表多数人的经济利益。民主拒斥经济平等，对经济秩序不平等听之任之。直到20世纪20年代末，少数人过着富裕奢华的生活，而不幸的工人却处于贫困中，没有福利救济，没有社会保障和医疗保险，缺乏安全感和从事有意义工作的机会。但是平等的必然要求表现为当不平等达到一定程度时，它就开始发挥作用，抑制不平等的加剧，使得社会朝着较为平等的方向推进。"占领华尔街"运动的发生，证明美国存在着严重的社会分配不公，过去30年间美国经济增长的最大成果惠及了富人，中低收入家庭经济难以改善。美国式的民主并没有给世界提供能实现经济平等的实践模式。

美国宪政法律制度的解读。美国把法律推升到神圣的地位，把国家权威通过法律神圣化，强调这是保证实现自由民主的价值观，看似尊重法律，但实际上与自由价值观是相背离的。自由主义价值观仅仅赋予法律制止影响他人自由的权力，但美国法律完全成了最高权力的神圣体系，由此破坏了自由价值观的核心原则。实际上美国法律制度是为统治者服务的。法官自由裁定权、法律程序否定法律正义、模糊的法律领域等为富人和统治者提供了合法保护。西方国家存在着大陆法和普通法两大法系，美国法律实行的是普通法制度。美国法律长期没有系统成文的刑事诉讼法，直到1945年才制定了《联邦刑事诉讼规则》，与大陆法系国家相比缺乏明确性和严谨性。美国法律实行判例制度，法律解释灵活，法官对先例原则和制定的法律都享有司法解释的神圣权力，造成法律含义的极大伸缩性，为保护富人提供了法律空间。美国法律强调程序规则，要求在诉讼中以程序标准来保护犯罪嫌疑人、被告人的权利，禁止获得影响程序的真实法律事实。美国法律坚持陪审团制度，认为通过民众行使裁判权，可以保障宪政制度和法治目标，似乎是将民主渗透到法律中。美国实行违法证据排除规则，不符合程序标准的证据在庭审前就由被告方予以排除，法院常常以证据违法推翻被告人有罪的法定理由。法律的最终目的应该是保障公民不受犯罪侵害的权利，程序应该服务和保障实体正义，片面强调程序公正，往往是颠覆案情真相，放纵涉嫌罪犯，并不能保障法律的正义和公平，程序绝对化损害了实体正义和法律价值。美国实行大陪审团制度，但是陪审员往往被检察机关或者辩护律师利用，陪审团审判为法官和律师宣传提供了途径，案件的结果受到影响，陪审团"无理否决权"的合理性遭到了广泛质疑，出现对大陪审制重大缺陷的反思，但是大陪审团制度被认为有掩饰民主制度的作用，长时间得以保留。美国法律活动依赖于律师，判例法的缺陷使得法官和律师形成利益集团。名人和富人请名律师，辩护最终以程序性取胜，普通民众不具备请名律师的能力，也就不能享受到法律的充分保护，法律形成了与平民对立的贵族阶层。美国法院常常做出有利于被告的判决，牺牲受害人的利益，放纵了部分犯罪，最典型性的是"辛普森杀妻案"。1994年美式橄榄球运动员辛普森杀妻案，在证据充分的情况下，因为程序问题证据不被采用，在两项一级谋杀罪的指控中被宣告无罪，辛普森竟逃脱了法律制裁。犯罪分子在犯下重罪之后仍可能因为程序逃脱法律追究，所谓公正的审判结果却制造出了冤案，程序至上却牺牲了正义，强调人人平等的美国法律发生了异变。美国法律的所谓尊重罪犯的权利，看似在维护人权，但却失掉社会正义和道德价值判断，无异于在放纵犯罪，实际上是为有钱人提供了法律保护。

（《红旗文稿》2013年第8期）

美国民主模式弊端解剖

■ 杨　斌

美债争吵暴露美国民主模式弊端

　　当前美国金融动荡暴露了其民主模式的深刻危机，标准普尔坦率承认其降级决定与其说是依据具体数据，不如说是依据美国国会和政府表现的严重无能，致使人们无法相信他们有能力改善美国中期财政状况。

　　美国民众将自己的存款、养老金以及购买的各种保险，委托给银行机构、各种基金和保险公司进行管理，但是，这些金融机构以规避风险的名义从事了大量高杠杆投机赌博，结果因赌博失利造成了规模庞大的金融衍生品坏债和有毒资产，进而挟持民众的存款、养老金等财产为人质逼迫政府注资救市。

　　倘若美欧银行机构、基金和保险公司直接到拉斯维加斯赌场下注，由此产生了数百万亿美元彼此相互拖欠的赌债，人们就会清楚地看出这些金融机构从事的是违法行为，就会要求政府将这些沦为赌徒的金融高管撤职并绳之以法，进而将这些赌徒之间的对赌协议视为废纸并冻结、废除，绝不会同意政府动用纳税人的金钱来挽救巨额赌债。

但是，由于投机赌注被精巧地伪装成非常复杂的金融衍生产品，金融资本就以维护民众利益为借口堂而皇之地挟持政府救市，从而轻而易举地获得了成千上万亿美元的巨大收益。随着美国财政部和美联储采取滥发国债和货币的政策，挽救规模庞大的银行有毒资产形成的无底金融黑洞，美国国债泡沫就会不断膨胀一次又一次突破上限，泛滥的货币洪水最终就会造成逐步升级的通货膨胀压力，无情地吞没民众拥有的存款、债券、养老金等各种资产，以及中国和世界各国拥有的巨额外汇储备和美元资产。

美国企图将金钱操纵政治的虚伪民主模式扩大到全球范围

美国金钱操纵政治和金融财阀控制美元发行的弊端，已诱发了1929年"大萧条"以来最严重的金融危机，直接威胁到世界经济稳定和各国民众的财富与生存。目前应该揭露美国通过输出误导政策、通货膨胀和政治动荡，企图将金钱操纵政治的虚伪民主模式扩大到全球范围，这样有利于极少数金融富豪干涉别国内政并操纵政府决策，廉价控制别国经济金融命脉并掠夺各国民众财富。

中国应联合世界各国民众共同向美国施加压力，要求美国政府救市应严格区分两种性质完全不同的债权，一种债权是花费真金白银形成的债权，像美国人民拥有的存款、养老金等资产，中国金融机构购买的美国两房等金融机构的3A级债券，世界各国拥有的巨额外汇储备和美国政府债券，这些才是美国政府必须优先保障的实实在在的债权；还有一种债权是金融机构投机产生的赌债，如具有高杠杆投机性质的金融衍生品，已高达天文数字的庞大规模根本无法挽救，挽救这类投机坏债必将导致恶性通货膨胀。

正如笔者在《美国隐蔽经济金融战争》一书中指出的，美欧政府应该立即停止依靠发行货币来挽救银行有毒资产，纠正被克鲁格曼批评为"现金换废纸"的错误救市办法，将实为一堆废纸的金融衍生品赌债彻底冻结、废止，主动拆除高达600多万亿美元规模的金融衍生品定时炸弹，将节省下来的紧缺资金用于维护民众的存款、养老金，用于确保世界各国拥有的外汇储备和美元资产的价值，用于推动全球贸易复苏和实体经济摆脱严重衰退，这样美国才能根本避免国债泡沫危机和滥发货币政策，否则将不断引发一轮轮金融海啸和全球经济衰退，并且最终导致经济崩溃与恶性通货膨胀并存的"崩溃膨胀"灾难，致使美国人民的存款、养老金和持有的基金、债券等资产，以及世界各国的外汇储备和持有的各种美元资产，在类似德国魏玛时期的恶性通货膨胀中蒙受惨重损失或化为乌有。

美国民主仿佛是"点厨子不点菜"的不实惠民主

2011年5月美国获诺贝尔奖的著名经济学家斯蒂格利茨，撰文深刻分析了当前美国社会弊端产生的制度根源，他以《1%所有，1%统治，1%享用》为标题，撰文揭露了财富分配不公平是当前美国社会不平等的深层原因，金融大财团通过行贿买通政客改变游戏规则获得了巨大收益，联邦政府和美联储不惜耗费巨额纳税人金钱并滥发美元，提供零利率贷款和慷慨的救市巨资挽救失败的大金融财团，对保持政治透明性和规避利益牵连的规则置若罔闻；最高法院解除了政治献金的限制，促使大公司收买政客的行为合法化，通过政界与商界的人事融合和旋转门制度，大多数参议员和众议员都效命于最富有阶层，美国民主模式的行政、立法、司法机构，表面上是三权分立和相互制衡，实质上却都主要是为美国最富有阶层的利益服务，大财团则为政客从竞选到卸任后提供大量金钱、好处，如美国银行家查尔斯·基廷在接受涉嫌金融丑闻调查时，对他花费巨资收买议员、官员是否有效作出了肯定回答。

美国大银行、评级机构、监管部门和国会相互勾结，致使欺诈性次贷有毒债券泛滥酿成严重金融危机，台湾的塑化剂丑闻历经30多年才被揭露，违法大企业的管理层、技术人员显然早就知晓此事，这说明从外部监管私营企业难以制止其危害社会行为。

美国民主仿佛是"点厨子不点菜"的不实惠民主，可供民众选择的"厨子"是靠金钱"包装炒作"出来的，尽管政客选举时能吹得天花乱坠，一旦选举结束后却可以自行其是，并不承担具体的社会责任义务，仿佛是老百姓仅仅"点了厨子"，"真正点菜"的却是幕后游说的金融垄断财团。

（求是理论网 2013 年 8 月 28 日）

《纸牌屋》摊开了美国民主底牌

■ 郝 炜

　　一个失意的多数党"党鞭"（Party Whip），在权力欲的指引下，把所有的资源——白宫、众议院、参议院、媒体，甚至警察、保安，都变成他手中运用自如的纸牌，最终入主白宫。这些国之重器，在人们看来神秘之极，但在剧中主角弗兰克的手中却宛如一场"寻常牌局"。不过，这场"寻常牌局"的奖赏却非比寻常，那就是美利坚合众国的总统职位。这就是《纸牌屋》，这样一部活灵活现的美国政治闹剧，毫不吝啬地展示了美国民主的黑暗。所以，在弗兰克手中摊开的，不仅仅是他自己的王牌，同时也是美国民主的底牌。

　　底牌一：人民主权只是一纸空文。在剧中，人民在弗兰克那里不过是手中的一张纸牌，随时准备着收买、权衡、交换和抛弃，成为弗兰克扳倒政敌的工具。弗兰克的权力征程中没有一次经由人民选举而获得权力，倒是弗兰克常常利用人民一再打击政敌，比如将较左的"教育法案"公之于众，使总统的形象受到影响。美利坚合众国宪法以"我们人民"开始，成为人类历史上最早，也是时间最长的成文宪法。人们赞美美国宪法提供了一种发挥每个人才能的制度框架，充分体现了民主精神。殊不知，当普通人的"美国梦"触碰到权力这个"硬球"的时候，人民主权却成为一纸空文。美国宪法堂皇地冠以人民的称号，却在背后无情地剥夺了人民的主权。

底牌二：政党才是组织精良的真正主人。人民主权成为一纸空文，那么，谁是真正的主宰呢？政党，尤其是掌握了政党权力的领袖，成为美国国家权力的真正主宰。在剧中，作为"党鞭"的弗兰克自称"水管工"，要将政党中的污泥清除出去。国会议员要么被弗兰克握住把柄，要么被其权术摆布，任何对其有所妨碍的人都能够被他清除出去，比如去竞选州长的副总统，比如最后被杀的罗素，甚至是总统本人。当弗兰克动用政党资源游说本党议员和少数党议员发动对总统的弹劾时，"党鞭"的手段和政党的力量让人不寒而栗。在美国的政党政治中，人们通常只知"党魁"而不知"党鞭"，但实际上"党鞭"才是美国政治运作的关键角色。简而言之，"党鞭"就是政党内部的督导员，他由"党魁"任命，对"党魁"负责，主要职责是贯彻"党魁"的意志，将"党魁"的指令传达到党内当选的议员。对于党内议员而言，违抗"党鞭"命令的代价往往是政治生命的终结。因而，议员号称对选民负责，在实际的权力运作过程中却唯"党魁"和"党鞭"马首是瞻。一项体现民意的提案可能在"党鞭"手中沦为权谋斗争的牺牲品，而议员则要在自己的政治生命和民意之间进行权衡。

底牌三：政党要想主宰权力，还需要在选举中出牌，甚至将选举转换为一场政治秀。在剧中，弗兰克可以邀请副总统参加议员罗素的竞选，当罗素把其竞选搞砸之后，弗兰克借以自己名字命名的图书馆落成时邀请罗素出席，来使其公众形象得以挽回，为其选举创造机会。但后来由于罗素对其造成了妨碍，弗兰克又设计使其醉酒的形象袒露于记者招待会，并最后在车中将其谋杀，可见罗素的命运不是掌握在自己或人民手中，而是由"党鞭"决定的。选举通常被认为是现代民主的核心，也被认为是民主的最佳体现，美国的国父们所矢志构筑的共和制实际上就是代议制，在这种制度下，权力来自于选票，所以有效地组织选举并当选是获得权力的常规途径。但是正如美国民主理论家达尔所言，与其说是选民让候选人当选，还不如说是候选人让选民使其当选。选民以为是他手中的选票决定着国家权力的归属，却不知他们只是一场政治秀的观众。

美国的民主就像被关进了黑暗的纸牌屋，四周是由组织精密的政党组织和动员能力强大的政治精英组成的铜墙铁壁，它所呈现出来的光芒是棱镜衍射的假象。在这个纸牌屋里，恒久的主题是拉斯韦尔所说的谁得到什么，何时及如何得到，以及变动不居的敌我关系，或者如弗兰克在剧中所说的"要么狩猎，要么被猎"。但是，真正的民主应该是从纸牌屋里摆脱出来的阳光形象，而绝不是由权力精英所垄断、玩弄的少数人的收藏。

（2014 年 3 月 14 日《中国社会科学报》）

"棱镜门"彰显美国民主制度失效

■ 张志新

  2013 年 8 月 9 日，奥巴马总统召开记者会，宣布四项旨在加强对国家安全局秘密情报监控项目监督的措施。这是中情局前雇员斯诺登揭露美国大规模搜集和监听民众通信信息丑闻爆发以来，奥巴马政府采取的又一项"止损"行动。"棱镜门"事件发展到现在，美国引以为傲的权力制衡完全没有实现，凸显了美国民主制度的失效。

  首先，行政部门在"棱镜"项目确立之初就向民众保密，在被斯诺登揭露之后又百般狡辩，试图为自己滥用《爱国者法案》，毫无限制地侵犯民众隐私辩护。包括总统在内的美国政坛重量级人物一方面千方百计抹黑斯诺登，声称他绝非"爱国者"，而是应当被绳之以法的"罪犯"；另一方面却也不得不承认，斯诺登的行为迫使他们重新审视现有的监控措施。

  随着奥巴马民意支持率的下降和民众对情报机构的信任坠入低谷，联邦政府被迫采取行动，避免政府形象的进一步恶化：

其一，迅速承认"棱镜"项目存在，但辩解称是出于反恐需要，并解密了允许政府搜集美国境内所有电话通讯元数据的秘密法院命令。

其二，发布两份关于国家安全局执行情报搜集任务时对互联网的监控范围，意在告诉民众，政府监控的范围"小之又小"。

其三，国家安全局高官在国会作证，为监控计划辩护。面对国内激烈的反对之声，国家安全局局长亚历山大表示，"愿就个人隐私与国家安全的平衡进行更为广泛的讨论"。

其四，则是上述新出台的四项措施，即提议修改《爱国者法案》中授权国家安全局电话监控项目的部分内容，改组外国情报监控法庭，组建外部专家小组审核情报应用技术，以及承诺披露更多的国家安全局机密项目的信息。

然而，从四项措施的内容来看，奥巴马无意停止监控，只是希望通过提高透明度，重树民众对政府监控项目和情报机构的信任而已。

其次，作为"人民的代表"，国会表现又如何呢？国会共和党人最近几个月一直在美国驻班加西领馆遇袭以及国税局审查保守派团体等事件上对奥巴马穷追猛打，但在监控事件上却罕见地声援奥巴马。事件爆发之初，奥巴马在国会的头号对手、众议长博纳即为政府的行为辩护，称"棱镜"项目是保护美国人安全、对抗恐怖威胁的重要"国家安全计划"，公开这些信息将置美国于危险境地。共和党籍的众议院国土安全委员会委员彼得·金和民主党籍的参议院情报委员会主席黛安·范斯坦也公开指责斯诺登是"叛徒"。当然，国会内部也有质疑"棱镜"项目的声音。在众议院司法委员会的听证会上，议员连番炮轰政府截取民众通讯记录的行为"过火"，并批评奥巴马政府死不认错，威胁取消国家安全局监控的权力。在近期国会审议《2014年国防拨款法案》的过程中，来自密歇根州的众议员阿玛什在民主党自由派和民权组织的支持下，试图附加修正案，通过削减监控项目预算约束联邦政府的滥权行为。然而，在反恐大旗的掩护下，众院7个委员会主席联名发表公开信制止上述修正案的通过，少数党领袖佩洛西也亲自出马进行阻挡，最终修正案以12票之差在国会落败。国会议员未必不知道"棱镜"项目对公民隐私权的侵害，然而出于政治正确和担心"站错队"丧失竞选捐款等因素的考虑，还是违心地为国安局的监控项目辩护，对民权的漠视可见一斑。

最后，美国司法部门在"棱镜"项目中的作为如何呢？美国舆论虽然对斯诺登的"非法"揭秘行为具有共识，但在行政部门监控行为上是否违反宪法第四条修正案却有不同的声音。显然，过去7年当中，国会已经为国安局的监控活动暗中修改法律大开绿灯，司法部门则有意纵容，甚至在事情败露之后还遮遮掩掩，声称监控活动始终处于法律监管的范围之内。事实又如何呢？国安局的监控活动基于2001年后国会通过的《爱国者法案》，这一事实基本是清楚的。奥巴马在上台之初出于反恐的需要，不断促使到期的法案继续延期，从而为监控行为找到合法性。此外，为防止情报机构滥用监控特权，尤其是保护美国公民的宪法权利，美国国会特设立对外情报监视法院，作为审查情报机构监控活动的司法机关。然而，正如美国媒体所披露的那样，过去40年间对外情报监视法院的作为实在不能让人恭维。据报道，从1979年至2012年间，美国情报机构共向法院提交了3万件秘密监控或者搜查活动的申请，其中仅有11份被法院所否决。难怪曾经在该法院任职的某法官笑称，这个法院不像法院，倒像政府的一个行政机构！无论如何，司法部门在"棱镜门"中的不光彩角色已经大白于天下。

针对斯诺登事件，美国前总统卡特曾表态支持斯诺登，批评华盛顿侵犯民众私隐的行径过分，并隐瞒相关计划，他断言美国的民主已失去功效。可叹这样的判断在美国国内呼应之声却寥寥无几。近年来美国国内政治极化已经导致政府施政不畅，斯诺登事件更加凸显"9·11"事件后，行政部门借反恐之机扩张权力甚至滥权的事实。所谓外交是国内政治的延续，国内民主制度的失效必然导致外交上的单边行为甚至霸权行径的增加，而这正是国际社会应当加倍警惕的趋势。

（《瞭望》2013 年 8 月 20 日）

西方民主的三大"基因缺陷"

■ 张维为

一部大热的美剧《纸牌屋》让世人窥见了美式民主光鲜外表背后的尔虞我诈、乌烟瘴气。在现实世界中，人们对西方民主的失望情绪也日益加深。在西方国家内部，民主常常与债台高筑、运作失灵等联系在一起；在非西方地区，照搬西方民主模式带来的是动乱和冲突。

西方民主模式有三大"基因缺陷"

"冷战"时代结束后的西方国家，特别是美国，以胜利者的姿态，以宗教传教士的热情在全世界范围内推动西方民主模式，掀起了所谓的第三次"民主化"浪潮。但20多年过去了，第三次"民主化"的成绩单几乎乏善可陈，倒是坚决拒绝西方政治模式的中国，以人类历史上从未有过的规模迅速崛起。

我多次讲过一个观点：一个非西方国家，如果采用了今天的西方民主模式，基本上只有两种结局：一种是从希望到失望，如菲律宾、泰国、乌克兰、吉尔吉斯斯坦等；另一种是从希望到绝望，如海地、伊拉克、阿富汗、刚果民主共和国等。

由于多数西方国家仍然享有早先积累的财富和国际秩序中的一些特权，如美元的国际储备货币地位，这些国家目前还没有陷入从希望到绝望的境地，但越来越多的西方民众对自己国家的现状表示失望。根据美国皮尤中心所做的民意调查显示，美国民众在2009年和2012年对自己国家现状满意程度分别为30%和29%；英国为30%和30%；法国为32%和29%；意大利为25%和11%。

如果西方国家还是拒绝改革，西方整体走衰的趋势估计还会加速，甚至不能排除一些西方国家滑入"第三世界"的可能，像希腊这样的国家似乎正在整体滑向"第三世界"。

西方民主模式的最大问题是它的三个基本假设出了问题。这三个假设可以概括为：人是理性的；权利是绝对的；程序是万能的。这三个假设现在看来更像是西方民主模式的三个"基因缺陷"。

"人是理性的"，也就是所谓人可以通过自己理性的思考，投下自己庄严的一票。但我们看到的事实是：人可以是理性的，也可以是非理性的。随着新兴媒体的崛起，在民粹主义煽动下，人的非理性的一面往往更容易占上风。

"权利是绝对的"，就是权利与义务本来应该是平衡的，这也是中国人一贯的观点，但在西方模式中，权利绝对化已成为主流。美国两党把自己的权利放在美国整个国家的利益之上，互相否决，连认为西方民主模式是历史终结的福山都看不下去，称之为"否决政治"。美国学者玛丽·安·格伦顿在其《权利话语——穷途末路的政治言辞》一书中哀叹：美国是全世界权利种类最为繁多、权利信仰最为坚定的国家，结果导致了各种权利的绝对化、个人主义至上，以及社会责任的缺乏。

"程序是万能的"则导致了西方民主制度的游戏化：民主已经被简化为竞选程序，竞选程序又被简化为政治营销，政治营销又被等同于拼资源、拼谋略、拼演艺表演。在国际竞争日益激烈的当今世界，西方所谓"只要程序正确，谁上台都无所谓"的"游戏民主"似乎越来越玩不转。没有人才观念的公司要破产，没有人才观念的军队打不了仗，没有人才观念的政治制度将走衰，这是中国人笃信不疑的理念。

坦率地说，今天多数国家实行的西方民主模式，很像一个被宠坏的孩子，如果他有祖上遗留下来的家产，如西方许多国家那样，他自然还可以继续挥霍和"游戏"，但在竞争日益激烈的当今世界，这种情况恐将越来越难以为继，而对于那些祖上没有留下家产的发展中国家，一旦成了被宠坏的孩子，则无药可救。

水土不服的"西方民主陷阱"只能以失败而告终

埃及革命爆发不久，笔者和福山先生在上海有过一场辩论，他认为中国也可能出现"阿拉伯之春"，笔者认为不仅中国不会，而且

"阿拉伯之春"将变成"阿拉伯之冬"。时间证明笔者的判断是准确的。笔者去过埃及 4 次，走访过十来个阿拉伯国家。埃及的问题不是西方人描述的什么"民主与专制"的问题，而是"国家治理好坏"的问题。如果是"民主与专制"的问题，那么埃及照搬西方民主模式就可以解决所有问题了。但实际上埃及的问题是人口爆炸、贫穷问题、住房问题、经济结构问题等，这些问题西方模式一个也解决不了，非但解决不了，还会使这些问题复杂化。埃及现在正陷入发展中国家采用西方模式普遍经历的那种恶性循环：普选产生民粹主义领袖，但他们搞不好经济，然后军队发动政变，但军队也改善不了民生，人民就再一次地要求民主化，民选政府上台后，这个循环又重新开始。

如果说"阿拉伯之春"寄托着一些西方势力扳倒中国的期望，那么"颜色革命"则更是西方势力企图颠覆中国政体的样板，因为经历了"颜色革命"的国家，如乌克兰、吉尔吉斯斯坦、格鲁吉亚都是前社会主义国家和转型经济国家，某种意义上与中国的可比性比阿拉伯国家大得多。但是西方势力还是打错了算盘，"颜色革命"失败得如此之快，连西方很多人都感到脸上无光。

以乌克兰为例，2004 年乌克兰爆发所谓的"橙色革命"，背后是欧美势力的支持，他们通过各种渠道给所谓的"公民社会"输送了大量资金，然后又通过外交和舆论施加压力，最后亲西方的尤先科和季莫申科上台执政，引来西方世界一片欢呼。但好景不长，随着通货膨胀、经济凋敝、腐败激增，当年被"橙色革命"推翻的亚努科维奇又卷土重来，以微弱多数获得了 2010 年大选的胜利。乌克兰主流民意对"颜色革命"也从"希望"转为"失望"：美国皮尤中心 2009 年在乌克兰所做的民调表明，乌克兰人中仅有 30% 支持"民主"，比 1991 年时低了整整 42 个百分点。2014 年西方又公开支持大规模的反政府示威游行，基辅成了血腥的战场，民选总统亚努科维奇逃往俄罗斯。这对西方民主模式是多么大的讽刺！现在克里米亚已加入俄罗斯，乌克兰早已是国库空空，甚至可能导致美俄冷战等世界性危机。

我们不妨以中国人的标准来评价"阿拉伯之春"和"颜色革命"。邓小平说，一个国家的政治体制是否好，关键看三条：第一看国家的政局是否稳定，第二看能否增进人民团结、改善人民生活，第三看生产力能否得到持续发展。如果用这三个标准来评价这些经历了所谓"革命"的国家，那么它们都是彻头彻尾的不及格。这些国家的政局不是更稳定了，而是更动荡了；人民不是更团结了，而是更分裂了；老百姓的生活不是改善了，而是恶化了，因为生产力遭到了巨大破坏。

这些所谓的"革命"先后失败有多种原因，但有一个共同的原因：国家是一个有机体，它至少包括了政治、经济和社会三个层面，而西方民主模式最多只是改变了这个有机体的政治层面的一些表象，另外两个层面根本改变不了，特别是社会层面的变化非常之难也非常之慢，这种水土不服的"西方民主陷阱"只能以失败而告终。

中国的成功向世界展示了另一种选择

西方民主的光环确实在迅速褪色，但我们要注意，西方民主模式尽管遭遇重大挫折，但西方民主话语的红利还没有耗尽，美国还可以继续唱"空城计",还可以忽悠一大批糊涂人。西方推动的所谓"民主与专制"范式还是被不少人接受,尽管这个范式漏洞百出,根本解释不了这个复杂的世界。在西方,特别是美国和一些欧洲国家,民主几乎成了宗教,背后还有一大批既得利益者,靠在世界上煽风点火、搞"颜色革命"为生,我们不能低估这些力量的破坏作用,包括对中国的破坏作用。

但是,历史大势不可逆转,除非西方走出自己模式的迷思,否则西方总体实力还将继续走衰。西方越来越多的有识之士也意识到了这个问题。比利时2011年曾经历了500多天无中央政府的政治危机,之后比利时的一批知识分子发表了《千人集团宣言》,对西方民主制度未能"与时俱进"提出了强烈的批评:"除了民主,现在全世界的革新无处不在。如公司必须不断创新,科学家必须不断跨越学科藩篱,运动员必须不断打破世界纪录,艺术家必须不断推陈出新。但说到社会政治组织形式,我们显然仍满足于19世纪30年代的程序。我们为什么必须死抱着两百年的古董不放手?民主是活着的有机体,民主的形式并非固定不变的,应该随着时代的需要而不断成长。"

令人欣慰的是,中国总体上已经走出了这个迷思,这对中国、对世界的意义都将是深远的。中国的成功向世界展示了另外一种选择,这就是绝不照搬西方政治模式,坚定地探索符合自己民情国情的经济和政治制度,并争取在越来越多的方面超越西方,超越西方模式。最终,世界上多数国家都会认识到跟着西方模式走,路只会越走越窄,而大胆探索自己的发展道路,才可能真正成功。

坦率地说,美国1965年开始搞"一人一票",中国1978年开始搞改革开放，在这个意义上，美国模式和中国模式都是新生事物，两个模式可以竞争。笔者更看好中国模式，就现在这个水平，也可以胜出，当然我们可以做得更好。

（2014 年 4 月 15 日《中国社会科学报》）

警惕民主陷阱下的治理失灵

■ 钟 声

乌克兰街头流血冲突虽已平息，但这个国家正陷入治理失灵的混乱。亚努科维奇被议会宣布解除总统职务，至今去向不明，克里米亚政府大楼被不明武装分子占领……

乌克兰的困境并非个案。街头骚乱、社会动荡、经济凋敝、政府瘫痪的乱局也在一些东南亚国家和西亚北非国家接连上演。尽管国情不尽相同，动荡诱因形形色色，但其深层原因却是一致的，那就是选择发展道路时的盲动将国家推入民主陷阱。

将这些国家的乱象放到更大时间范围内进行考察，不难发现这样一条明晰的演进脉络：彻底割裂国家发展进程，一夜之间照抄照搬西方"民主政体"。然而，"革命成功的喜悦"迅速被残酷的现实彻底碾碎。一轮权力分割完成后，执政党和反对党各自积聚力量。当脆弱的力量平衡被打破，僵持状态迅速转化为短兵相接的政治对抗，乃至街头革命。获胜一方通过修宪或强制选举打破既有权力格局，主宰新一轮利益分配。

体制外壳的构建可以在瞬间完成，创建能够保障其高效运转的政治文化则远非一时之功，这同民族特性、历史文化传统、发展阶段有着密切的关联。缺少必要的支撑，形式上的民主注定要蜕变为"失序的链条"。旧政体不可能恢复，新政体迟迟难以步入正轨，一些国家甚至在长达几十年的时间里翻烙饼。

正如新加坡国立大学东亚研究所所长郑永年指出，在很多发展中国家，民主政治出现了问题，主要是激进民主化所致。那里的民主要么是由外力促成，如通过西方殖民主义或者其他输出形式，要么就是这些国家和地区的政治精英不管本地的社会经济和制度条件，盲目引进民主制度。

文化没有优劣之分，西方民主制度也不可能是尽善尽美的代名词。近年来，随着选票政治、极化政治、金钱政治等问题越来越突出，西方发达国家也在反思民主制度的困境。美国政治学者弗朗西斯·福山对"效率低下"的民主政治体制提出质疑：美国是否已从一个民主政体变成了一个"否决政体"——从一种旨在防止当政者集中过多权力的制度，变成了一个谁都无法集中足够权力从而作出重要决定的制度？

西方国家经过数百年的磨合、建立在成熟经济、政治、社会和文化条件基础之上的民主模式尚有如此多尖锐社会矛盾难以解决，若将这样的民主生硬移植到国情全然不同的发展中国家，其结果注定是致命性的破坏，和对现代化进程的阻遏。

天下没有一成不变、普遍适用的发展模式。当前，各国面临发展经济、改善民生的迫切任务。一个国家选择什么样的发展道路，离不开这个国家的传统和现实条件。鞋子合不合脚，自己穿了才知道。哪种体制更适合一个国家的发展，关键还是要看这种体制能不能保障有效的治理，能不能把方方面面的智慧和力量都凝聚到发展上来，让各个环节都围绕着发展有效运行。

将一个国家带上发展坦途的"救命法宝"不可能是水土不服的"舶来品"。放弃对自身发展道路的探索，任何一个国家都没有出路可言。命运永远掌握在自己手中。

（2014 年 2 月 28 日《人民日报》）

扭曲的民主结不出好果子

——西方政治体制困境透视

■ 国纪平

一

席卷全球的国际金融危机已步入第 6 个年头。

这场危机不仅是对世界经济的严峻挑战，也是对各国政治制度的一次大考。在这场大考中，西方国家的窘迫、焦躁、困惑和无助有增无减。

二

西方民主还真是个问题。这早已不再是美国国家安全前顾问布热津斯基的个人判断。当下西方广为讨论的焦点已转移到美欧政治

221

体制困境的根源和出路到底在哪里。

"极化"是目前西方社会的一个典型征兆，事关国家前途和生存方式的共识无从谈起，政治体制改革更是步履维艰。

"我们不能把绝对主义当作原则，不能以作秀来取代政治，亦不能将漫骂视为理论的辩论。我们必须采取行动，即便知道我们的工作将不尽完美。"

美国总统奥巴马第二任期就职演说充分表明，为摆脱华盛顿政治瘫痪，他将投入与共和党的决战。然而西方的主流看法是，不管奥巴马如何决绝，种种无形的大网终将难以冲破。

西方政治体制历经数百年发展，拥有过自己的黄金岁月。它是如何一步步走向失灵，落入今天这样的困境？对这个问题的系统思考还有待深化。不过，种种弊端却是明摆着的。对此，西方有识之士也有不少批判分析。

三

"古希腊哲学家在 2500 年以前就说过，人常常以自己的形象塑造上帝。现在，电视政治又添了新招：那些想当上帝的人把自己塑造成观众期望的形象。"

美国学者波茨曼在《娱乐至死》一书中用诙谐的笔调道出现实政治的无奈。

西方民主表演色彩甚为浓厚，以至于"政治秀"一语不得不让位于"游戏民主"。民主被简化为竞选，竞选又被简化为政治营销，政治营销又等同于拼资源、拼谋略、拼才艺表演。

随着市场经济的繁荣，物质的相对过剩，人们不再满足于生理需求，以视觉刺激、情感刺激为主的娱乐文化大行其道。西方政治广告有一个共同的经验：用一个口号、一个象征或一个引人注目的形象，制造焦点。选民有时并不知道谁最胜任总统或议员，更关心的是谁的形象最具愉悦功能，最能排解心中的不满情绪。

常识判断和现代社会科学研究表明，人可以是理性的，也可以是非理性的，甚至是严重非理性的，这种非理性状态在新媒体、金钱和商业炒作时代变得日益突出。

"随意"还有更深层面的背景，那就是对"程序万能"、"只要制度好，谁上台都无所谓"的笃信。这在相当程度上源自西方在发展水平方面的优势，及其衍生出的制度优越感。可历史上积累的财富（包括从发展中国家掠夺来的不义之财）和国际秩序中的一些特权，又能支撑多久呢？发展是一场不能停歇的马拉松，底子再厚实，也不能高枕无忧睡大觉。丢掉虚幻的优越感，将心态放得平和些，未必不是一件好事。

当"政治产品"也卷进娱乐漩涡，严肃的事情变得过于轻松，"刺激"就开始从另一个方向作用于社会。一旦候选人的能力、专业知识和从政历练不再那么重要，甚至让外表、宗教信仰、种族、性别、年龄以及作秀的本事成为左右选举结果的砝码，一流治国人才就不那么容易脱颖而出了。

更为严重的是，为取悦选民，政客盲目许诺，造成社会公共开支增长超过经济发展速度、政府信贷盲目扩张、民众负债超前消费等诸多问题。这也是国际金融危机爆发的一个重要原因。

四

"要赢得选举,需要两个东西。第一是金钱,第二个我就记不得了。"

1896年和1900年两度辅佐威廉·麦金莱当选美国总统的竞选经理马克·汉纳如是坦言。

100多年来,这种情况愈演愈烈。今天的西方,参选人拼的不只是自己的能力与水平,更是金钱。现代传播工具与商业模式的结合,使得金钱的投入轮番上升,陷入恶性循环。选举在变味,金钱成了形象打造成功与否的关键因素。

美国前总统卡特2007年感慨地说:"乔治·华盛顿和托马斯·杰斐逊要是活到今天,还能当上美国总统吗?!我们永远也不知道,有多少具备优秀总统潜质的人,就因为不愿意或者不能够采取一种能够募集到大量竞选经费的政策,而永远与总统宝座无缘。"

长期以来,美国法律规定私人政治捐款最大限额为2500美元。显然,这样的限制已经与"金钱民主"的现实不相匹配。2010年,美国最高法院取消了个人与企业向助选的政治行动委员会捐款的上限。美国敏感政治问题研究中心根据计算得出,2012年围绕国会和白宫的角力耗费了60亿美元,成为美国选举史上"烧钱"最多的大选。

世界上没有无缘无故的爱,也没有不带诉求的政治献金。"金主"的底气越来越壮,"民主"的成色就越来越差。民调显示,大多数美国人认为选战花费金钱过高,政治献金只会让富人对决策有更大影响力。"金钱民主"一大后果,就是中产阶级被架空、被边缘化。"占领华尔街"运动背后的99%与1%之矛盾将长期化,最终导致更大的危机。

美国《旗帜周刊》高级主编克里斯托夫·考德威尔指出，美国的政治早已被华尔街寡头牢牢绑住，民主党和奥巴马总统比共和党人甚至更加依赖华尔街金融寡头的资助。这种寡头政治的现实，意味着在华尔街巨头面前，驴象两党中的任何一方都难以撼动他们坚固的根基。

"当鸟儿的翅膀被系上黄金，鸟儿就飞不起来了！"

印度诗人泰戈尔这一警句虽是在感悟人生，但用来形容西方"金钱民主"的恶果也是再精妙不过的。

五

"短视民主"是"游戏民主"和"金钱民主"的孪生兄弟。

大多数西方国家经济今天都成了寅吃卯粮的债务依赖型经济。从政治角度来看，政客为了拉选票竞相讨好选民，开出各种各样的福利支票，耗尽了国库，到头来还是要老百姓来埋单。美欧各国债务危机、财政危机某种意义上就是这样形成的。

美国《时代》周刊发表《民主能解决西方的经济问题吗？》一文指出："大西洋两岸的政治问题有着相同的症结，即现代民主国家选举政治的要求，西方政客们将选举胜利这种狭隘的利益看得重于更大的国家长远利益，他们关心的不是削减赤字，提升经济竞争力，或者推动欧洲一体化进程，他们的眼光最远也就是停在下一次选举计票上。"

当然，决策的短视也有更广泛的社会背景。相对于社会整体利益，个人的权利是绝对的，个人自由、社会福利等权利几乎被绝对化。

英国历史学家弗格森认为，在某种程度上这是一种文化的变迁。西方已经远远背离了在工业化、海外扩张、大规模战争的"辉煌时期"面向未来的自我牺牲精神。于是在一定程度上出现了一种趋向"自我一代"的文化变迁，立刻消费，活在当下。

瑞士圣加仑大学哲学教授迪特·汤美指出，如今在西方，大家感觉每个人都应该像资本家一样，不受限制、获取自身利益最大化、以利润为导向，资本家的生活方式渗透到普通阶层人的生活中，许多本来可以让生活更美好的价值观念被边缘化了。

六

国际金融危机也是一场精神层面的危机，西方国家民众对民主制度的信心不断减弱。

面对这一现实，美国加州大学伯克利分校公共政策教授、美国前劳工部部长罗伯特·赖克强调，几十年前绝大多数美国人认为其民主政府是为所有人谋福利的，但是几十年后的今天，这种信心普遍发生动摇——在绝大多数人眼里，政府由极少数大型利益集团操控，是它们谋求私利的工具。

早在 2008 年之前，美国诺贝尔经济学奖获得者克鲁格曼就嗅到了危机气息。他认为，国际金融危机的先兆和 1929 年的经济危机如出一辙，即财富集中到少数人手里，制度和政策偏向于富人，政府在某种意义上已经被金融资本绑架。克鲁格曼详细考察美国从 19 世纪末到 21 世纪初政治经济关系后，得出一个结论：是不平等的政治在决定不平等的经济，而不是相反。无论是历史事实还是理论都清楚表明，经济出了问题，往往是政治先出了问题，而社会出了问题，乃是它们的综合症状。

近年来，西方国家社会舆论对昔日视为金科玉律的选举制度的分析愈加深刻，变革的呼声持续升高。但是，变革的步伐迄今仍十分缓慢，不是陷入政治瘫痪，就是只能拆东墙补西墙。正如爱尔兰欧洲事务部长所警告的那样，西方国家政府正在变成"民意的绵羊"。

国家发展大局被不同群体选民的选票利益撕裂，被体制弊端牢牢缠住。这样的政治氛围，不大可能产生出具有强大动员力和执行力的政府，也不断放大着政治体制的缺陷，一盘散沙成为西方社会的突出特征。

七

美国《新观点季刊》主编内森·加德尔斯一针见血指出：西方民主制度屈服于即时新闻和一人一票的"短期暴政"，导致民粹主义泛滥，这种制度缺乏长期思考、策划，缺乏持续统治的政治能力。

民主的优劣是靠实践来检验的。

扭曲的民主结不出好果子，不可能得到认可，更无普世价值可言。

为全体人民谋福利、给国家带来长远发展前景的民主，才是真正的优质民主。

（2013年2月1日《人民日报》）

为什么"民主失序"很危险

■ 丁 刚

10年前，美国著名学者约瑟夫·奈对阿拉伯国家的民主作过一个计算。他说，全世界有半数国家实现了民主，但22个阿拉伯国家却不在其中。10年后的今天，不知这位学者是否还有兴趣做这样的计算。

的确，按照美国的标准，民主队列中的阿拉伯国家又多了几个。但3年前发生的"阿拉伯之春"，却让民主多了一层令人疑惧的色彩。昙花一现的"革命"之后，是迄今仍未看到春意的漫长寒冬。

这种疑惧心理也在感染着西方。澳大利亚《世纪报》最近的刊文称，2014年将是人类民主的"大年"（BIG YEAR），将有40多个国家举行不同形式的选举。放到10年前，这可能会让不少西方人士感到兴奋，但今天的这些"民主选举"，却似乎总给人以一种危险之感。

这不是民主第一次与危险联系在一起。美国前国家安全事务助理斯考克罗夫特在多年前就说,"我们可能酿成大错的行事方式之一,就是想要去发展民主社区的概念,将世界人为地划分成民主国家和非民主国家,这会比国际政治的自然发展方式衍生出更多的问题。"这位资深外交家据此认定:这是"非常危险的方向"。

局势的发展也在证实,危险这个词用得并不过分。在孟加拉,年初的议会选举投票期间出现大规模动乱,至少造成7人丧生,120多个投票站被纵火。紧接其后的泰国,因投票被反对派干扰至今仍无结果,整个社会陷入一触即发的尖锐对立中。

"阿拉伯之春"以来的3年,世界见证了由于盲目移植西方民主模式所带来的太多的混乱与无序、太多的冲突与暴力。其实,老百姓害怕的不是民主,而是没有根基的民主、没有秩序的民主。泰国学者蓬苏迪拉克在分析曼谷局势时,就此提出了"民主失序"的概念。这个概念可以用来衡量民主的质量。质量高的民主是与良政携手共进的,是与秩序相辅相成的。反之,民主则有可能为失序提供滋生的空间。

在一些失序的国家里,民主正在成为自己的牺牲品。他信和英拉政府中的腐败现象的确损害了民主,但用政变和街头运动的形式推翻经过民主选举上台的政府,则是对民主更大的伤害。埃及靠选举上台的穆尔西有不民主的一面,但将其推翻后也并没有带来民主。

民主并不自然带来有序,但失去秩序,民主肯定是无根之木,是危险之源。西亚北非那些发生了革命的国家,以及伊拉克、阿富汗、菲律宾等很多被视为卷入西式民主浪潮国家,都是在没有很好地解决秩序问题的情况下,突然开始了民主植入的进程。西方民主的很多功能一下子被"无限放大"。

　　还有一个现象值得关注。在类似的突然进入西方民主进程的国家中，民众因长期深受不民主痛苦，对民主有极其强烈的渴求，很容易接受那些来自西方的民主灌输，甚至已经有些精英将这样的混乱视为"民主的前奏"、"民主必然要经历的折磨"。然而，这些将西方民主奉为圭臬的精英们忘记了西方著名政治学者亨廷顿多年前的断言：经济发展需要一个最低限度的社会政治秩序，没有这一秩序，正常的经济活动就很难进行。对这些国家来说，真正的危险在于，重新建立秩序要远比简单照搬一个民主体制困难得多。他们希望看到的民主之树，将不得不在一个长期失序的环境下生长。

　　　　　　　　　　　　（2014 年 2 月 18 日《环球时报》）

金融危机引发西方学者对个人主义的深刻反思

■ 沈永福　王　茜

自 2008 年美国次贷危机爆发，继而引发全球性的金融危机以来，不少西方学者对当代资本主义重新作了深刻的反思，反思是全方位的，从经济、政治直至西方世界价值之源的个人主义。正如美国《新闻周刊》国际版主编法里德·扎卡里亚所言："这是一场金融危机、民主危机、全球化危机，从根本上说是道德危机。"金融危机背后深层次的是道德危机，那就是作为西方价值总汇的个人主义出现了问题。

"占领华尔街"运动引发的思考

2008 年金融危机爆发后，人们对华尔街的贪婪怒不可遏，纷纷谴责这种只顾自己发财不惜坑害别人的卑劣行径。"占领华尔街"是一连串主要发生在纽约市的集会活动，活动的目标是要持续占领纽约市金融中心区的华尔街，以反抗大公司的贪婪不公和社会的不平等，反对大公司影响美国政治，以及金钱对民主和法律的负面影响。类似的集会运动出现在了美国各州并蔓延至南美洲、欧洲、亚洲、非洲、大洋洲各地，并在全球各大城市串联。"占领华尔街"运动虽已结束，但其影响发人深省，因为这是民众自发自觉公然质疑经济制度，是自 20 世纪 50 年代后第一个将资本主义整体作为批判对象的群众运动。这在过去 50 年中，不论工人阶级还是左派——有组织的还是无组织的——都是不可想象的。

2012 年第 42 届达沃斯冬季论坛刮起了一股反思资本主义的劲风，论坛以"20 世纪的资本主义是否适合 21 世纪"作为中心话题，"改造资本主义"、"重塑资本主义"亦成为热门议题。西方主流社会终于开始直面资本主义的"病人身份"，承认"不可一世的资本主义"眼下在政治、经济、文化等方面都陷入了"看不到尽头"的困境。

美国著名经济学家理查德·沃尔夫教授认为，美国和欧洲的经济动荡不应被理解为金融危机或债务危机，而应被理解为资本主义的制度危机，而这场制度危机的背后价值根源就在于个人主义。反对国家监督的"新自由主义"经济思潮，其核心就是这种个人主义。因为个人主义反对权威和对个人的各种各样的支配，特别是国家对个人的支配。《美国新闻与世界报道》周刊主编莫蒂默·朱克曼撰文称："从心理上说，我们的企业文化历来珍视个人主义、创业精神、务实态度和发明创新。随之而来的也有对法治的持久尊重。个人主义的理论看起来很美，但现实生活很残酷，每天都在发生的，却是一些个人和个人集团在侵犯、剥夺另一些个人和阶层的利益。""占领华尔街"运动就是对这种金钱霸权的抗议。但是这种霸权太强大又太隐蔽了，所以，看似每人手中都握有一张选票，却无法用它来改变现实。

经济学家理查德·莱亚德在英国《金融时报》撰文指出："过度的个人主义和过度的贪婪，使我们落到了这个地步；我们必须重拾昔日美好时光的价值标准、互信和利他主义。"

金融危机的幕后推手

金融危机的爆发，使得西方学者从不同视角探究其原因，大家基本形成一个共识，即引发危机的幕后推手就是美国金融街贪婪的金融资本家及效率低下的政府。美国学者福斯特和马格多夫在题为《金融内爆与停滞趋势》一文中指出，当前由金融危机引发的全球资本主义危机的根本原因，"在于从20世纪60年代末的战后繁荣以来，实体经济中的生产和投资一直处于停滞趋势。于是，资本主义就通过使经济金融化的方式来弥补停滞趋势的后果，这使金融泡沫恶性膨胀并和实体经济的表现日渐脱离，最终导致了当前美国和世界的金融危机和全球资本主义危机。"为这场危机首担其责的应是那些食利者阶层：华尔街金融资本家和投机炒客。

自20世纪70年代开始，资本主义各种刺激因素已经日渐式微，发达资本主义国家增速变缓，大量剩余资本开始寻找投机性的金融出路。于是，大规模的军费开支、债务和金融投机成为应对停滞的刺激经济手段。但这些饮鸩止渴的手段不仅根本不足以制止经济停滞重现，还会使问题随着时间的变化变得越来越严重。美国学者曼库尔·奥尔森在他的《国家的崛起与衰落》一书中认为，美国制度的老化产生了一种"资格文化"："特殊利益集团通过优惠税额、特殊拨款、指定款项以及其他各种各样的特权，一点一点啃食国家财富。"本来，制造危机的罪魁祸首——靠金融投机爆发的最富有的有产阶级理应为这场危机埋单，这不仅是基于最基本的社会公平，更因为是他们的投机制造了这场危机。可他们却在竭尽所能利用资本主义制度的现有机制，以损害其他社会成员为代价来弥补损失、获取利益。

世界经济论坛创始人兼执行主席克劳斯·施瓦布在2012年达沃斯论坛年会上指出："放任无度的高薪福利严重败坏了经理人的从业风气"。最初的资本主义体系中分工明确：企业家承担投资风险并享有收益；经理人确保企业在长远的未来能为所有利益相关者带来利益。而如今，过度的红利体系使得经理人的收入与资本拥有者的利益紧密挂钩，从而颠倒了正常的分工体系。

长期旅居美国的日本学者神谷秀树在《贪婪的资本主义：华尔街的自我毁灭》一书中写到，华尔街的精英即便获得了MBA职位，职场中必须遵守的道德却一无所知；华尔街银行家的"工作方法"是：供职的金融公司如同出借资产负债表的房东，银行家则像是租房的住户。银行家会充分利用借来的资产负债表，尽可能地增大收益。在市场环境好时，银行家每人每年收入能达到数千万、数亿美元；市场环境恶化时，银行家们则抛下巨额亏损的资产负债表，拂袖而去，寻找下一个"房东"。"今天赚的给我，明天赔的归你"，他们认为只要"合法"就可以不择手段。投资银行家是全世界最贪婪的职业，人类的欲望已经膨胀到了无以复加的程度。"'贪婪'如果一旦发病，就不可收拾，需要长期的、艰苦的、持久的治疗。"

金融危机的爆发，政府的失职显而易见。资本主义发展的历史证明，资本主义国家的政府会在危机中充当"最后贷款人"的角色，即在危机期间为金融体系提供流动性，为金融机构直接注入资本或在必要时直接对其进行国有化。但私有市场经济制度中的政府支出首要目标是维护有产阶级的利益。曾任克林顿政府劳工部长、现为美国加州大学伯克莱分校公共政策学院教授罗伯特·赖克在《美国的逻辑：为什么美国的未来如此堪忧》一书中指出，金融危机使得社会两极分化严重，政策因素失误、政府监管缺位是一个重要原因，在这场危机中，政府有很大责任，"自由市场资本主义"、"金融资本主义"、"赌场资本主义"是行不通的，而且会导致很大的灾难。

金融危机背后深沉的文化根源

个人主义是西方的文化之根，金融危机的深重根源就是个人主义文化的危机。西方经济个人主义过于崇拜自己追求利益的正当性，甚至唯一性，从个人及其心理倾向中寻找社会经济组织的必然依据，相信个人的行为就足以提供社会经济组织的原则，自由放任的经济制度是最好的制度；政治个人主义过于看重自我的权利和自由，政府的目的在于使个人的需要得到满足，使个人的利益得到实现，个人权益得到保障，把国家看作是一种不可避免的弊病，追求让"无形的手"自己发挥作用的"无为而治"；伦理个人主义认为道德的标准在于个人利益、个人需要，而对什么才是个人利益、个人需要，个人有着最终的仲裁权，个人是道德价值的标准，是道德的最高权威。

在个人主义的支配下，今天的西方资本主义社会已呈现出唯利是图、不思长远的社会风气。军火商只想多卖武器；议员的眼光只看到下一届自己还能不能当选；董事会里的股东们只想着今年和明年还能不能赢利。信用的缺失，责任的虚无，自私自利的风气弥漫在空气中的每个角落。美国学者保罗·法雷尔在市场观察网站刊发《十大爆炸性泡沫扼杀资本主义》一文，指出："我们最大的问题是急功近利的思想文化"，"自私削弱了我们作为领导者的地位，没有道德指南，没有未来眼光，看不到短视的后果。"这三种威胁可能"导致资本主义和美国一起垮台"。退休空军将军布伦特·斯考克罗夫特在《国家利益》双月刊上写道："世界处于漂浮、转变甚至越来越混乱的状态"。斯考克罗夫特在他《转变的世界》一书的修订版中写道："曾经我们被看作为所有人竭尽全力；现在我们被认为只专注于一己之利。"

从个人主义角度来看，资本家追求利益最大化的愿望合情合理，无可指责。但资本主义的一大魔法就是把所有的东西都变成商品，正如美国学者埃里克·霍弗的名言："每项伟大的事业都从运动开始，然后变成生意，最后变成勾当。"它可以冷酷无情地把一切珍贵的、高雅的、有尊严的、贞洁的东西，拿到市场上去展卖，变成赤裸裸的金钱交易。

罗伯特·赖克在《美国的逻辑：为什么美国的未来如此堪忧》一书中指出："美国文化向外界传递了一个越来越混乱的信息：疯狂工作的同时又要尽情享受人生"，为了达成后一点，为了快速实现梦想和放纵欲望，人们愿意透支健康，将更多时间和精力投入到工作上，

"有关努力工作的论点总是建立在一个谎言之上，让人们相信有一天他们终将会得到满足，就算不是事业上的成功，也会是他们用努力工作换得购买他们想要的一切东西的能力——可是那一天似乎永远不会到来，在这条贪婪隧道的尽头根本没有光明"。

法国电力集团公司执行副总裁马识路2011年亦撰文指出："盎格鲁——撒克逊社会的个人主义衍生形态50多年来在欧洲和世界其他国家强制性地建立起来，其依据是，最能够代表总体利益的莫过于所有个体的利益，这一思想对人类是有害的，甚至是自杀性的。"马识路认为，中国文化可能根治西方的困局，"植根于一神论的西方在建构一种有关人与社会关系的个人主义观念时，中国却在人与人之间的关系方面发展了社群主义和整体主义的观念"，"世界需要中国，以审视自身的意识形态、政治和社会模式"。

每个人都是资本主义危机的共犯

个人主义的文化使得每个人置身其中而莫能度外，在一些西方学者大力批判贪婪的资本家、无能的决策者、效率低下的政府同时，亦在反思易被忽视的普通公众的思想和行为。如德国《时代》周刊的文章认为，美欧债务危机背后隐藏着福利国家制度危机。政府和民众组成了"毒贩和瘾君子"的共同体：政府为了赢得选举发放福利"毒品"，民众上瘾后希望得到更多，这导致政府债务不断增长。政府现在必须保持财政平衡，这意味着民众也必须接受"戒毒治疗"。罗伯特·赖克在《金融时报》发表题为《贪得无厌的消费者正在破坏民主制度》一文，认为将资本主义危机归咎于全球金融和高得离谱的高管薪酬实在太简单了。从更深的层面上讲，此次危机标志着消费者和投资者对劳动者和公民的胜利。既然大部分人都兼属这四种角色，那么真正的危机集中在：作为消费者和投资者时，人们越来越容易达成划算的买卖，而作为劳动者和公民时，人们让自己的声音获得重视的能力则越来越弱。文章指出，现代科技让人们能够实时购物，以最低的价格获得最佳品质和最高回报。人们可以通过网络即时获得相关信息，然后货比三家，并瞬间就完成付款。消费者和投资者从没有像现在这样强大过。然而，这些划算买卖的代价是就业和薪酬，以及日益扩大的社会不平等。文章认为，消费者和投资者表现越来越不俗，但就业不安全感上升，社会差距日益拉大，社区变得更加不稳定，气候变化也在恶化。所有这些结果都无法长期持续，但迄今仍没有任何人找到让资本主义回归平衡的方式。人们尽可以指责全球金融和世界各地的企业，但请把一些指责留给那些贪得无厌的消费者和投资者吧——这些人几乎存在于每个人心中，每个人都是共犯。

可以说，以个人主义面目横行的拜金主义为核心的资本主义制度已经严重地损毁了美国、欧洲等资本主义国家的社会和谐共存的基础。在泡沫经济中，一切都被贪婪与拜金主义所蒙蔽。这种思维方式引起了社会的巨大分裂，其中最为恶劣的便是以金钱为基准，把人分成"赢家"和"输家"（神谷秀树语），每个人都是赌徒，只不过是投机金融家、政府等庄家通吃，公众埋单。

个人主义的世界并非美梦

西方学者从为资本主义辩护到反思资本主义，并从个人主义价值观层面深挖根源，人们不得不感叹"美国梦"破碎了，人们对自己和下一代能否过得更好似乎信心不足。美国《时代》周刊网站2012年1月19日的署名文章称："资本主义显然未能发挥应有的作用，为所有人创造经济机遇和更美好的未来。我们在学校里学到，资本主义是一种奖励勤劳者和能人的精英模式。然而，2008年爆发金融危机之后，得益于资本主义的往往是有背景和有特权的人。"这种制度奖励了投机者，惩罚了老实人。

克劳斯·施瓦布在第42届达沃斯论坛上亦指出："今天全世界的人都在质问，我们竟然让那些贪婪的、无能的决策在缺乏有效监管的情况下被制定出来，这些决策不仅给世界经济带来了可怕的后果，同时也影响着普通百姓的生活，令他们失去了养老金、房产以及工作。这些受到影响的人们无不感到震惊、困惑、恐惧和愤怒。而那时候人们还预期，这次危机将使我们彻底地重新审视全体从业高管人员的行为，尤其是在金融服务行业。而今，近3年时间过去了，我们仍然没有从错误中吸取教训。引发国际金融危机的资本主义体系早已是一个过时的体系，如果我们继续忽视改进此体系的必要性，则将长期深陷危机泥沼。"

如何化解西方危局，不少学者转向东方。英国《金融时报》网站曾刊发《到亚洲的工厂看看资本主义的教训》一文，认为陷入危机的西方资本主义犯下了三个错误：一是把资本主义视作一种意识形态概念，而不是一种用来改善人类福祉的实用工具；二是忘记了欧洲资本家从20世纪马克思主义的威胁中学到的教训；三是在向第三世界宣扬资本主义优点的同时，没有让其本国人民清楚"创造性毁灭"。由于存在种种缺陷，资本主义是一种不完美的制度。应当邀请西方决策者参观一下日本和韩国、中国和新加坡的工业中心和服务业中心。或许处处都有宝贵的经验值得他们学习。

德国外交政策协会研究所所长桑德·施奈德更是在《轻轻告别强势西方》一文中，巧妙引用了一句"中国谚语"："变革之风吹起时，有人修筑围墙，有人修建风车"。施奈德对中国推崇有加，"山的一面是稳定，一面是危机，迄今中国在山脊上走得很好"。在中国当前深化改革发展的关键时期，一方面我们应当自感欣慰与自豪，另一方面我们应保持清醒头脑，莫让个人主义的价值观念迷糊了我们的双眼！

（《红旗文稿》2014年4月10日）

美国政治制度的衰败

■ 弗朗西斯·福山

美国有很多政治制度当前都日渐衰败。这与更为广泛的社会或文明衰落现象并不是一回事儿。这里讲的政治衰败其实是说，一项特定的政治进程——有时是一家政府机构——已出现机能障碍。导致这种局面的原因是：思维僵化；地位稳固的政治行为方对改革和再平衡起到了阻碍作用，而他们的实力在不断壮大。这并不意味着美国已走上永久性的衰退之路，也不意味着美国相对他国所具备的实力肯定会下降。但制度改革极难实现。在政治秩序不发生重大混乱的情况下，根本不能确保可实现制度改革。因此说，虽然衰败和衰退不是一回事儿，但对这两个问题的讨论并非没有关联。

三大结构特征都有问题

人们对美国当前的困局作出了多种诊断。在笔者看来，制度衰败——或者说衰落这个范围更广泛的观念——绝非"一蹴而就"。但总体来讲，美国政治发展的历史背景基本上总是会被忽视。

如果我们更仔细地审视美国相对于其他自由民主国家所走过的历程，我们就会发现，美国政治文化有三个主要的结构性特征。不论它们如何演进，也不论它们在过去发挥过多大效力，这三个特征当前都出了问题。

第一，相对于其他自由民主国家而言，司法和立法部门（也包括两大政党所发挥的作用）在美国政府中的影响力过大，而受损的是行政部门。美国人一贯信不过政府，由此就催生了立法部门解决行政问题的局面。久而久之，这种处理行政需求的方式变得成本极高且效率低下。

第二，利益集团和游说团体的影响力在增加，这不仅扭曲了民主进程，也侵蚀了政府有效运作的能力。生物学家们所称的亲缘选择和互利主义是人类社交的两种自然模式。当与个人无关的当代政府失效时，人们就会回归到上述关系中。

第三，由于联邦政府管理结构在意识形态上出现两极分化，美国的制衡制度——其设计初衷是防止出现过于强大的行政部门——也就变成了否决制。往好了讲，决策机制变得过于松懈——也就是说太过民主了，有太多的行为方由此得以阻止政府去调整公共政策。我们当前需要更强大的机制，以力促实现集体决策。但由于政府的司法化以及利益集团影响力过大，在不发生系统性危机的情况下，我们不太可能建成此类机制。

由此说来，这三个结构性特征已呈盘根错节之势。

直接引发代议制度危机

在当代自由民主国家里，政治制度的三个核心范畴——政府、法治和追责能力——具体表现为政府三权分立：即分为行政部门、司法部门和立法部门。

由于不信任政府权力的传统十分悠久，美国总强调要把采取手段——即通过司法和立法机构——制约政府作为制度建设的重点。

美国政府在质上的衰败与美国人倾向于建立"由法院和政党主导的"政府有着直接关系。法院和立法部门在不断篡夺行政部门的很多正常职能，由此造成政府运作在整体上缺乏连贯性且效率低下。在其他发达民主家由行政部门处理的职能被逐步司法化，由此引发成本高昂的诉讼出现爆炸式增长、还导致决策迟缓以及执法工作严重缺乏协调。法院不但没有对政府发挥制约作用，反倒成了扩大政府职能的替代性工具。具有讽刺意味的是，正是由于担心"大政府"会做强，美国最终反倒建立了一个规模非常庞大的政府，但这其实更难追责了，因为政府主要控制在法院手中，而法院并不是经选举产生的。

与此同时，由于利益集团丧失了腐化立法部门的能力，它们于是找到了新的理想方式，即通过司法手段俘获并控制立法议员。这些利益集团会扭曲税收和开支，并朝对它们有利的方向操纵预算，进而抬高整体赤字规模。利益集团有时会利用法院实现此目的并获得其他好处。但它们也会通过多项通常自相矛盾的授权——它们会引导国会支持这些授权——去破坏公共行政管理的质量。而相对弱势的行政部门通常无力阻止它们。

所有这些引发了一场代议制度危机。老百姓觉得，本应发挥民主作用的政府再也无法代表他们的利益了，政府反去迎合各类神出鬼没的精英。

简言之，美国政府的问题源于，既有实力也有能力的政府与原本旨在约束政府的各个机构之间出现了结构性失衡。当前有太多的法律，"民主"程度也过了头，其表现形式就是立法部门在干预美国政府发挥职能。

两极分化导致决策困难

行政部门司法化和利益集团对国会的影响力就是美国政界出现政治衰败的实例。这些问题有美国政治文化等深层次原因，但原因也包括最近发生的偶然性事件，如两党的两极分化。

整体上讲，政治衰败的根源——思维僵化和精英集团的影响力——在民主国家是普遍存在的。实际上，各国——不管是民主国家还是非民主国家——政府都面临这样的问题。其他发达民主国家也有过度司法化和利益集团这样的问题。但利益集团的影响力主要取决于各个机构的具体特点。虽然在形式上五花八门，但面对各种政治行为方，民主国家都会构筑激励机制，它们由此也多多少少会受到这些势力的影响。美国是世界上最早建立的、也是最发达的自由民主国家。政治衰败问题对当今美国的折磨程度超出了对其他任何民主政治制度的折磨程度。信不过政府一直都是美国政治的特征。这种长期存在的不信任感导致政府呈失衡状态，由此也削弱了在必要时采取集体行动的前景。这就最终形成了否决制。

所说的否决制是一项进程，通过该进程，美国的制衡制度导致以大多数选民意志为依托的集体决策变得极为困难。从某种程度上讲，在多个层面重复设立权力部门，进而让联邦、州和地方权力部门都在整个公共政策范畴拥有管辖权，对任何一种此类制度来说，这都可能造成政府各部门很容易互相掣肘的局面。但在意识形态出现两极分化、主要政党的选民支持度（或不支持度）旗鼓相当的情况下，制约就会变得很严重。

这就是我们当前的处境。2013年，美国政府关门歇业并就提高债务上限问题爆发危机。这些都表明，少数人（即共和党内的茶党一派）的立场可危及政府整体运作能力。这就是美国政治制度在21世纪初未能解决预算持续膨胀等问题的原因所在。

恶性均衡阻碍政府运作

当两极分化遭遇美国的制衡政治制度时，其结果尤其具有毁灭性。原因是，现在有太多的行为可以否决掉为解决问题所作的决策。

久而久之，由于传统制衡制度不断根深蒂固且越来越僵化，美国政治制度就走向了衰败。在政治严重两极化的时代，这种权力下放制度代表大多数人利益的能力在不断下降，反而给利益集团和维权组织的观点提供了过多的代议权。但它们总起来说都代表不了至高无上的美国人民。

美国当前陷入一种恶性均衡。由于美国人过去一贯信不过政府，他们并不特别情愿把权力交给政府。恰恰相反，正如我们所看到的那样，国会通常会颁布复杂的规章制度，这不仅削弱了政府的自治权，还导致决策迟缓且成本高昂。这样一来，政府的表现就会很差，这又十分荒谬地肯定了人们原本对政府所持的不信任感。

在这种背景下，大多数美国人不愿增加缴税，因为他们担心政府会把税收肆意挥霍掉。然而，虽说财力并不是导致政府效率低下的唯一根源——甚至连主要根源都不是，但如果没有资金，政府也就无望正常运作了。这样一来，对政府的不信任就成了一个自行应验的预言。我们当前能扭转这种衰败趋势吗？可能吧，但现在有两个障碍，它们都与衰败这种现象本身有关。

首先是一个简单的政治问题。美国政界的很多行为方都认识到，政治制度当前运作得并不好。尽管如此，他们维持现状的意愿已根深蒂固。两大政党都鼓不起勇气割舍掉利益集团提供的资金。利益集团也怕出现一种金钱买不到影响力的制度。

第二个问题是一个与理念有关的认知问题。制衡制度导致利益集团享有过大的影响力，也不能在总体上代表大多数人的利益。这种制度是无法通过少许简单改革得到修复的。拿总统制来说，政府总想通过行使一大堆新的行政权力去解决立法部门陷入瘫痪的问题。虽说此举会解决很多问题，但同样也会引发很多问题。在意识形态出现两极分化的情况下，取消特别拨款以及强化党纪实际上可能增加在立法领域达成广泛妥协的难度。虽说利用法院执行行政部门的决策可能效率极低，但由于没有更强大且更统一的官僚机构，或许并没有其他办法可行。其中很多问题是可以得到解决的，条件是美国开始实行统一度更高的议会制。但对美国的制度结构进行如此激进的改革是很难想象的。美国人一直把他们的宪法视为一部准宗教文献。如果美国的制度不发生彻底崩溃的话，要说服美国人重新思考美国宪法中最基本的原则，其可能性微乎其微。由此说来，我们当前是出了问题。

（2014 年 4 月 8 日《参考消息》）

西方如何看待当代民主危机

■ 郑永年

近年来，民主再一次成为国际学术界和政策界最热门的一个话题。当然，这次的热点不再是 20 世纪 90 年代初哈佛大学教授亨廷顿所说的"第三次民主化浪潮"；相反，这次人们热烈讨论的是民主所面临的危机。

的确，无论在西方发达国家还是在非西方的发展中国家，今天的民主都面临着严重的挑战和深刻的危机。但在发达国家和发展中国家，民主所面临的挑战和危机表现为不同形式。无论已经民主化的国家、正在民主化的国家，还是那些还没有民主但在追求民主的国家，都必须思考今天民主所面临的问题。

民主衰落导致两个极端

民主到底面临着怎样的挑战和危机呢？先来看看西方学者的论述，他们是如何看待和诊断今天西方和非西方民主所面临的问题？

简单地说，西方发达国家的民主普遍呈现出一种现象，就是两个极端现象的共存，一方面是公众对民主制度的普遍冷漠，另一方面是西方社会的激进化。公众对民主的冷漠已经持续了很长时间。例如，发达国家的选举投票率一直不高，民众并不认为民主与自身利益有很高的相关性。但社会的激进化则是最近的发展。西方社会在 20 世纪 60 年代，社会曾经出现激进化，但此后社会就处于比较稳定的状态。在很长时间里，激进化一直被视为是非西方世界发展中社会的现象。最近西方社会的激进化的主要原因，在于西方所面临的经济危机，欧洲的希腊和西班牙的社会运动、美国的"占领华尔街"运动，都是激进化的体现。

民主衰落的最直接原因在于中产阶级的衰落。中产阶级可以说是当代大众民主的主要力量。美国历史学家有名言："没有资产阶级，便没有民主。"那是指早期精英民主时代。在当代的大众民主中，人们可以说："没有中产阶级，便没有民主。"

不过，民主与政治参与之间始终是有矛盾的。民主需要政治参与，也就是说民主需要民众一定程度的政治热情；没有这种热情，表明他们没有政治参与的动力。从这个角度来说，政治冷漠是民主的敌人。不过，如果政治参与过度，民主又会发生危机。

但是，光强调西方民众的政治冷漠远远不够。政治冷漠有其背后深刻的原因，光看到民众的政治冷漠，就很难找到西方民主所面临的政治和经济问题。实际上，在政治冷漠的同时，西方民主也出现了上面所说的激进化，那就是"街头斗争"。民众选择街头斗争这种形式，而非正常的、制度化的途径（例如参加选举）有很多原因，其中主要的因素是民众不再相信这些既定的制度参与途径，仍然具有能力解决民主所面临的问题，满足社会的需求，所以，他们要另辟蹊径。在非西方社会，民主的情况更为糟糕。越来越多的发展中国家，民主要不已经失去了其进步的动力，要不已经沦落为政客操纵的民粹主义。在埃及，伊斯兰主义运动在推翻了旧政权之后，便挟持了民主，试图重新把国家转型为宗教政治。在泰国，民主不仅没有使得国家的各个社会阶层更加整合；相反，民主在有效地分化着社会，使得国家经常处于无政府状态。在俄罗斯，尽管苏联解体之后，出现了多党制、选举等西方界定为民主的东西，但实际的人权在恶化。在乌克兰，民主只是腐败寡头政治的轮流执政，与民众没有多少关系；分裂的政治力量更使得国家面临外力的干预，导致国家的分裂。

民主政治面临多种威胁

不管怎样，今天的民主政治面临来自各个方面的威胁。这些威胁也导致了"民主的倒退"。西方的一些主流学者指向了如下几个主要威胁。

第一个威胁来自非西方世界的"竞争性权威主义"和"模拟民主"，

也就是说，非西方社会的新兴民主中，"非自由主义民主"越来越多。非西方社会的这些"非自由主义民主"，威胁着西方真正的民主。在这些"非自由主义民主"中，很多国家使用民主的制度和话语，来维持实际上的统治者个人权力或者统治集团的权力。

对西方民主的第二个威胁来自西方国家本身，也就是原来民主国家的民主制度的衰落。主要在于，支撑西方传统民主的基础，在当代社会已经不再存在。上面所讨论的中产阶级的衰落就是一个主要因素（当然，中产阶级问题只是表象，西方民主衰落具有很深刻的根源）。

第三个威胁来自西方国家没有能力把其价值观和其外交政策有机地结合起来。这里指的是民主扩散过程的政治动力危机。第二次世界大战之后，西方民主之所以能够迅速在非西方世界扩散，同西方世界尤其是美国所拥有的经济、军事和政治优势分不开。但今天的西方已经对价值观外交力不从心了。例如，一直致力于推动西方民主全球化的美国，现在已经变成更加"内向型"了。美国侵入伊拉克和阿富汗不仅是为了反恐，也是为了推行民主，但现在尽管那里的民主没有一线巩固的希望，但美国由于国力的衰退，努力想从这两个国家撤出。同样的原因，美国不愿意有力干预叙利亚，对乌克兰局势一筹莫展等等。一旦当西方民主的"输出国"缺少输出能力的时候，不仅西方的输出过程没有了动力，而且现存的非西方民主也会出现问题。

民主的第四个威胁来自对民主的简化。无论是西方内部还是非西方国家，民主越来越简化成为选举。选举本来就只是民主的一个部分，民主还有比选举更重要的要素，例如道德价值、文化传统、精英共识等等。但现在的民主过分强调选举，忽视了民主的其他价值观和法治。

当然，对民主构成的威胁远远不止这些因素，但这些因素是大多数西方学者所认可的。不难发现，不管什么样的因素，可以把它们分为三类，即西方民主内部的问题、非西方民主所面临的问题和民主从西方向非西方传播和扩散过程的问题。对西方学者对民主所面临的问题，人们可以有不同的意见和评估，但如果人们从这三个层面来讨论民主问题，的确可以促成和深化人们对 21 世纪民主所面临的挑战的认识。

（2014 年 4 月 30 日《参考消息》）

西方民主的病在哪儿？

■《经济学人》

乌克兰乱局

最近基辅等地的欢呼声背后夹杂着焦虑，因为好几个国家都上演了同一种令人不安的运动模式。民众聚集在重要广场。在民众的坚强护卫和全球新闻媒体的聚焦下，政府被迫让步。全球欢呼政权垮台，愿为建立民主政府伸出援助之手。可是，赶走独裁者容易，建立行之有效的民主政府则困难得多。新政府举步维艰，经济疲软，结果整个国家没比革命前好多少。这就是阿拉伯革命和10年前的乌克兰橙色革命的故事。2004年，亚努科维奇被街头抗议赶下台，2010年又被选为总统，之后反对派再度上台，国家状况还是一样糟糕。

民主正在经历艰难时世。独裁者被赶下台以后，反对派大多无法建立行之有效的民主政府。甚至在那些业已建立民主制度的国家，体制的问题已经变得十分明显，社会上弥漫着对政治的幻灭情绪。然而，仅仅几年前，民主还大有统治世界之势。

20 世纪下半叶，民主在那些最困难的地域生根发芽——遭纳粹重创的德国、穷人最多的印度、经历过种族隔离的南非。反殖民浪潮创造了一大批民主化的亚非国家，民主政府取代了专制政权。苏联垮台创造了一批中亚的新兴民主国家。美国智库自由之家统计，截至 2000 年，全世界共有 120 个民主国家，占全世界总人口的 63%。

那一年，超过 100 个国家的代表在华沙齐聚一堂，参加世界民主论坛，宣布"人民意志"乃是"政府权威之基础"。美国国务院发布报告，"现在看来，民主取得了最终胜利"。

但冷静地来看，民主的胜利没有那么多必然性。20 世纪晚期的进步势头在 21 世纪终止了。2014 年，全世界约 40% 的人口将参加自由、公平的选举。但是，民主在全球的发展停滞了，甚至可能已经逆流。2000 年以来，民主面临的障碍越来越多。民主的问题已经没法用简单的数字来呈现。许多名义上的民主国家已经滑向专制政权，民主只剩选举这一外在形式，缺少民主制度有效运转所需要的人权和体制保障。

胜利能够点燃人们对民主的信心，例如政权更迭之际的开罗和基辅，但随后便再度熄灭。在非西方地区，民主屡屡崩溃。而在西方内部，民主常常与债台高筑、运作失灵等字眼联系在一起，损害其国内外的名声。民主永远有批评者，但现在，西方内部出现种种缺陷，其海外形象日益脆弱。于是，原来的批评声音重新被加以严肃对待。民主失势，原因何在？

历 史 轮 回

有两个原因。其一是 2007—2008 年的金融危机，其二是中国崛起。金融危机造成的心理创伤与经济损失一样大。它揭示了西方政治体制的根本性弱点，破坏了西方人固有的自信。西方政府数十年来持续发放福利，任凭债务不断升高，政客们以为他们已经超越了繁荣泡沫的循环并解除了风险。许多人对本国政治体制不再抱有任何幻想——尤其是当银行家们为自己定制高额奖金时，各国政府却掏出纳税人的钱为银行纾困。金融危机让华盛顿共识招致新兴世界齐声谴责。

同时，中国共产党打破了民主世界在经济发展方面的垄断。哈佛大学前校长萨默斯观察到，美国每 30 年生活水平翻一番，而中国过去 30 年间每 10 年生活水平翻一番。中国的精英阶层认为，他们的模式——共产党严密控制以及稳定的选贤任能——比民主效率更高，更能避免僵局。中国领导人每 10 年左右换一届，按照完成施政目标的能力选拔干部。

批评者们谴责中国政府用各种措施控制民意，无论是关押异议者或审查网络言论。不过，中国政府严密控制的决心反过来也证明了对民意的关切。同时，中国领导人有能力处理国家建设方面的重大问题，而这些问题可能困扰民主国家数十年。例如，中国仅用 2 年就实现 2.4 亿农民享受养老保险——这要比美国公共养老保险体系的总人口多得多。

2013 年皮尤全球态度调查显示，85% 的中国人对本国发展方向

"十分满意",而在美国这一数字仅为 31%。复旦大学的张维为提出,民主正在破坏西方国家,尤其是美国,因为民主使得政治僵局制度化、轻视决策、还产生了小布什这样的二流总统。北京大学的俞可平提出,民主使得一些简单事情"过于复杂和琐碎",让"某些擅长甜言蜜语的政客误导民众"。同样来自北京大学的王缉思观察到,"许多引进西方价值观和政治制度的发展中国家正在遭遇社会动荡和骚乱",中国则提供了另一种模式。从非洲(卢旺达)到中东(迪拜)、东南亚(越南),都在严肃对待这一意见。

面对 2000 年以来一系列的民主派失望情绪,中国的发展显得更加强势。第一个重大挫折是在俄罗斯。1989 年柏林墙倒塌,苏联的民主化进程似乎不可阻挡。20 世纪 90 年代,俄罗斯在叶利钦领导下醉醺醺地朝民主走了几步。1999 年末,他将权力移交给普京。这位后现代沙皇已经摧毁了俄罗斯的民主实质。委内瑞拉、乌克兰、阿根廷等地的独裁者依样画葫芦,没有完全抛弃,而是维持着民主的假象。这让民主的信誉进一步受损。

第二个重大挫折是伊拉克战争。2003 年美国领导的侵略战争结束后,传说中萨达姆拥有的大规模杀伤性武器并没有出现。随后,小布什又把战争的借口换成了自由与民主。"自由国家协同一致推动民主,乃是敌人失败的先声。"他在总统连任讲话上说。但这让民主进程遭受重创。左翼人士找到了新的证据,证明民主不过是美帝国主义的遮羞布。现实主义外交家则认为,当前伊拉克日益动荡的局势再度表明,美国领导的民主化进程不是社会不稳定的解药——美国一旦放弃领导权,社会就动荡了。

第三个严重挫折是埃及。穆巴拉克政权 2011 年垮台,浪潮般的抗议活动让人们看到希望，以为民主将在中东地区传播开来。但颂歌随即变成悲鸣。埃及大选的赢家不是自由派，而是穆尔西的穆斯林兄弟会。穆尔西把民主当作赢家通吃的体制。2013 年 7 月，军方介入逮捕埃及首位民选总统穆尔西，关押穆兄会高层人士，杀害数以百计的抗议者。埃及局势与叙利亚战争、利比亚无政府状态一道打破了"阿拉伯之春"的希望。

同时，民主阵营的某些新成员成绩不佳。南非自 1994 年引入民主体制以来，一直是由非洲人国民大会统治。该党越来越自私自利。土耳其一度将温和的伊斯兰教与繁荣、民主结合在一起，而现在正堕入腐败与专制的深渊。孟加拉国、泰国和柬埔寨的反对党要么抵制大选，要么拒绝接受选举结果。

所有这一切都证明，维持民主正常运转是一项非常漫长的工作，那种以为民主可以自己迅速生根发芽的想法已经烟消云散。虽然民主如小布什和托尼·布莱尔所说是"普世的追求"，但它还是一种基于文化的实践。西方国家几乎都是在建立复杂的政治制度很长时间以后才落实选举权，实现强有力的公民组织和宪法权利，而西方社会一贯珍视个人权利与司法独立等理念。

不过，原本视为民主范例的体制最近几年却变得过时而无用。美国已成为政治僵局的代名词。这个国家如此痴迷于党派之争，以至于过去 2 年间两度站在债务违约的悬崖边缘。分割选区以谋取选举优势的行为也侵蚀了美国民主。这种行为鼓励极端主义，因为政客们只顾吸引"死忠"选民，抛弃了大量的普通选民。金钱获得了美国历史上前所未有的政治影响力。数以千计的说客（平均每位国会议员要应对超过 20 名说客）让立法过程变得更为冗长和复杂，让

257

特殊利益集团更有机会参与其中。所有这一切给人造成的印象是，美国民主是可以买卖的，富人权利比穷人大，尽管说客和金主们宣称政党开销是在践行言论自由的权利。结果是，美国的形象——乃至民主本身——遭受可怕的冲击。

欧盟也不是民主的榜样。1999年引入欧元主要是技术官僚的决策；只有两个国家（丹麦和瑞典）就此问题举行全民公决（结果都是否决）。巩固欧盟权力的《里斯本条约》遭选民们错误地投票否决。欧元危机最困难的日子里，欧元精英们强迫意大利和希腊用技术官僚取代民选领导人。欧洲议会修补民主赤字的努力失败了，这一机构本身遭到忽视与鄙夷。欧盟已成为孕育民粹主义政党的沃土，荷兰自由党的海尔特·维尔德斯和法国国民阵线的玛丽娜·勒庞等人宣称，将捍卫普通百姓，对抗傲慢、无能的精英。希腊的金色黎明党正在考验民主国家对纳粹式政党的容忍限度。原本用来遏制欧洲民粹主义的机制，如今却让它死灰复燃。

民主的坏脾气

甚至在其心脏地带，民主也遭受着严重的结构性问题，而非小毛病。自民主的黎明——19世纪晚期以来，民主通过民族国家和全国性议会得以体现。人民选出代表，在一定时期内行使国家权力。但这种安排从上到下均遭到冲击。

从上层来看，全球化改变了一国政治的根基。国家领导人将一大部分权力移交给全球市场和跨国主体。结果，政治家无法向选民兑现承诺，国际组织影响力越来越大。来自底层的挑战同样严峻：NGO 和说客等"微观权力"正在扰乱传统政治结构。互联网让微观权力的组织和宣传工作变得更加便利；观众们每个星期参与一次生活秀的投票，网民们轻点鼠标便可发出联署信，在这样的世界，每隔几年才轮到一次的政治选举越来越与时代脱节。

但是，民主面临的最大挑战既不是来自上层，也不是来自底层，而是来自中间——选民本身。柏拉图关于民主的主要忧虑是市民"沉湎于日常生活的享乐"。这的确是真知灼见。民主政府逐渐习惯于背负庞大的结构性债务，借钱满足选民的短期需求，忽视长期投资。法国和意大利已经 30 多年没有实现过财政平衡。金融危机骤然暴露了此类以借债度日的民主国家的真面目。

随着危机后的刺激政策逐步缩小，政客们现在必须直面两难困境。政客们要想说服选民接受财政紧缩，那么他们在选举中就会不受欢迎。增长放缓、财政吃紧，导致利益集团争夺有限资源的竞争将更加激烈。更糟糕的是，这种竞争是在人口老龄化的西方世界展开。老人投票率比年轻人高，许多国家现在面临过去与未来的斗争，既有福利与未来投资的斗争。

日益蔓延的厌倦情绪让民主雪上加霜。发达国家的党员数量持续下降：仅仅 1% 的英国人现在参加政党，而 1950 年的数字是 20%。选民数量也在下降，一项针对 49 个民主国家的研究显示，选民数量从 1980—1984 年至 2007—2013 年间下降了 10 个百分点。2012 年针对 7 个欧洲国家的调查显示，逾半数选民"根本不信任政府"。同年英国尤戈夫调查公司针对英国选民的调查表明，62% 的受访者认为"政客永远在撒谎"。

同时，"闹着玩儿"和"游行抗议"之间的界限越来越模糊。2010年，冰岛的"最佳党"承诺将公然腐败，却赢得足够选票，成功走进雷克雅未克市议会。2013年，1/4的意大利选民支持贝佩·格里洛——一位喜剧演员。如果人们真是一无所求，这种对政治的普遍厌倦情绪也许是健康的；但选民实际上有很多要求。结果将造成恶劣、不稳定的影响，一方面依赖政府，一方面却鄙视政府。这种依赖关系使得政府过度扩张、背负过多债务，而鄙夷的情绪剥夺了政府的合法性。民主的机能失调与坏脾气接踵而来。

心脏地带的民主问题有助于解释其他地方遭遇的困难。20世纪民主之所以运转良好，一部分原因是美国的霸权：其他国家自然而然想要模仿世界领袖。但随着中国的影响力越来越大，美国和欧洲失去了榜样的魅力和推广民主的胃口。既然美国政府连预算都通不过，更谈不上对未来的任何规划，那其他发展中国家为什么要把民主当作理想政体呢？既然欧元国家的精英们为了财政原则而踢走民选领导人，那独裁者们为什么要听从欧洲的民主教诲呢？

与此同时，新兴世界的民主国家遭遇了发达世界的同样问题。这些国家也受到短期开销的束缚，拿不出长期投资。巴西允许公务员53岁退休，却造不出一个现代化的机场。印度花钱收买各类团体，却没钱投资基础设施建设。各国的政治体制被利益集团所绑架，被反民主的恶习所破坏。英国历史学家帕特里克·弗伦奇写道，印度下院所有30岁以下的议员均出自政治世家。甚至资本家们都不再愿意支持民主：许多印度商业大亨一直在抱怨，印度的混乱民主造就糟糕的基础设施。

法国政治思想家托克维尔在19世纪时指出，民主的外表总是看起来比内在虚弱：表面上各种混乱，实际上却具有很多内在力量。产生新的领导人，提供新的政策，民主国家能够比专制国家采取更加新颖的策略处理问题，虽然寻找正确的政策可能来来回回花费很多时间。但新兴民主国家和老牌民主国家若想确保胜利，都必须打牢根基。

让民主恢复正常

詹姆斯·麦迪逊和约翰·穆勒等现代民主的奠基者最让人诧异的是他们的清醒态度。他们将民主视为有力、但不完美的机制：需要审慎设计，发挥人类的创造力，但还要制约反常的人性，确保机器正常工作，不断加油、调试、试验。

清醒的品格在建立民主制度伊始尤为重要。最近之所以出现那么多失败的民主试验，原因之一就是过于看重选举，轻视了民主的其他必要因素。例如，国家的力量必须得到制衡，言论自由、结社自由必须得到保障。那些最成功的新兴民主国家，秘诀之一便是克服了多数主义的诱惑——赢得大选以后，多数派即可为所欲为。印度从1974年（除了实施紧急状态的那几年）、巴西自20世纪80年代中期以来，两国都得以保持民主政体至今，原因都只有一个：限制政府权力和保障个人权利。

强有力的政制不但能够促进长期稳定，还可以减少少数派篡权的几率。它还能够支持打击腐败——发展中国家的祸根。相反，新兴民主国家受挫的第一个信号就是民选领导人逾越权力——通常是以代表大多数人的名义。

这类反自由的行为发生时，最需要吸取教训的是新兴民主政体的设计者：他们应当看到，对于健康的民主政体而言，强有力的分权制衡的重要性不亚于选举权。甚至谋求独揽大权的政客也应当从埃及和乌克兰吸取教训。

即使是成熟的民主国家也要注意自身的制度建设。全球化和数字革命使得某些最受推崇的政治体制变得陈旧不堪。制度完备的民主国家需要将自身体制升级换代，解决本国问题，重新拾起民主的国际威望。某些国家已经开始有所准备。美国参议院采取措施，加大参议员阻挠提名的难度。一些州引入公开初选，并将划分选区的工作交给独立委员会。还有别的措施。改革政党资金政策，公布所有金主的名字，这也许能减少特殊利益集团的影响力。欧洲议会可以要求议员提供公款开销的发票。意大利议会有太多享受高薪的议员，上下议院权力过于均等，导致任何议案都难以通过。可是，改革者必须有大魄力。限制特殊利益集团的最好办法是限制政府项目数量。解决政治厌倦情绪的最好办法是政客们少说大话。简而言之，政府越小，民主就越健康——这一理念可追溯至美国革命。

这些分权制衡的理念乃是出于对暴政的恐惧。但如今，尤其是在西方，扼杀民主的敌人越来越隐蔽。一个是政府规模。政府持续扩张，导致个人权利受损，特殊利益集团受益。另一个敌人是政府允诺空头支票的恶习，要么是发放根本承担不起的福利，要么是发动赢不了的战争（例如打击毒品）。选民和政府都必须认可限制政府扩张权力的欲望。现在正是时候在更大范围内限制政府权力。成熟的民主国家，与新兴民主国家一样，都需要对民选政府进行分权制衡。

对于虚弱的民主国家来说，赋予智者与好人以更大权力，这难道不是一剂良药吗？不尽然。无私的规则可以防止人们选择导致破产和社会停滞的政府支出方案，或者保护少数族裔免于迫害。但是，技术官僚的统治也有其局限性。在财政政策和福利改革等重大领域，权力应谨慎行使，过程必须公开、透明。

一些权力向上集中，由领导人和技术官僚决策，那么另一些权力则应下放给普通民众，以取得制衡。难点在于，如何利用全球化与本土化这两股力量，不回避、不抗拒。既有的民主国家面临的两股力量——上层的全球化，下层的微观权力——如果取得平衡，就能够增强民主，而非破坏民主。

托克维尔提出，本土的民主常常是最好的民主形式："市镇集会对于个人自由的意义，就像小学的科学课一样；它教导人民如何在力所能及的范围内使用、享受民主。"市长的支持率通常是全国性政客的两倍。现代技术能够帮助实行现代版的托克维尔式市镇集会，推动公民参与和创新。过度的网络民主形式（每件事都要反反复复的投票）可能会受到特殊利益集团操纵。但技术和直接民主能够相互制衡，打个比方，独立的预算委员会可以评估发起投票的成本和可行性。

美国第二任总统约翰·亚当斯曾说过："民主不会永远存在。它会衰弱、耗尽，然后自杀。从来没有哪个民主政体最终没有自杀。"显然他错了。民主是 20 世纪意识形态之争的伟大胜利者。但如果民主还想延续 20 世纪的辉煌战绩，它必须在幼时得到一丝不苟的呵护，成年后得到孜孜不倦的雕琢。

（2014 年 5 月 4 日《参考消息》）

西方民主面临新危机

■ 法里德·扎卡里亚

民主危机从未真正消失

研究显示，华盛顿的政治分歧现在处于自美国内战以来最严重的地步。在过去 3 年里，世界头号大国美国有两次几近经济自杀，尽管它有全球最大的经济规模，美元是全球的储备货币，而且美国在所有国际机构中都拥有主导地位。尽管美国经济现在仍然十分活跃，但是人们不禁要问，在更加激烈的全球竞争和技术革新中，美国的政治制度到底能不能确保改革继续取得成功。换句话说，眼下的困境真的是一场民主危机吗？

这个说法听起来或许并不陌生。到了 20 世纪 70 年代中期，西方经济增长停滞，通胀高企。越南战争和"水门"事件破坏了人们对政治机构和领导人的信心，刚刚获得权力的社会活动家则全面挑战统治集团。在美国、西欧和日本共同组成的三边委员会于1975年公布的一份题为《民主的危机》的报告中，来自三方的一些杰出学者认为工业世界的民主政府简直已丧失了它们行使职责和发挥功能的能力。关于美国的章节看起来尤其令人感到悲观，它是由政治学家塞缪尔·亨廷顿撰写的。

人们很清楚后来发生了什么：几年内，通胀得到了控制，美国经济迅速发展，信心也恢复了。悲观主义者至此无话可说了。

可是，又过了20年，发达的工业化民主国家再次充满悲观情绪。在欧洲，经济增长停滞，单一货币欧元处于危险之中，有人说欧盟自身可能分裂。日本在过去10年里换了7位首相，随着政治陷于分裂，经济停滞，日本进一步陷入衰退。不过，鉴于美国的全球角色，它的情况或许最令人担忧。

这是一场新的民主危机？毫无疑问，美国公众似乎真的这么想。评论家们往往用世界末日这样的观点来看待当前的挑战，这也大可不必。这些问题或许也都会过去，西方在面临另外一系列挑战前会勉强应付过去。但是民众也可能有一定的道理。从这个角度来说，民主的危机从未真正消失，只不过是被暂时的解决办法掩饰了，一些突然而至的侥幸使它变得模糊了。如今，问题增加了，可是美国民主比以往任何时候都更加不正常了，支配的权力也减弱了——影响全球化经济的作用更小了。这一次，持悲观情绪的人或许对了。

三大趋势化解末日预言

美国《外交》双月刊 1—2 月号发表题为《美国还有救吗？》的文章指出，20 世纪 70 年代中期对西方民主的末日预言因三大经济走势的影响而没有应验，那就是通胀下降、信息革命和全球化。20 世纪 70 年代，全世界通胀肆虐，通胀率从美英等国的两位数到巴西和土耳其等国的 200%。1979 年，保罗·沃尔克担任美联储主席，几年之内，他推行的政策解决了美国通胀的难题。全世界的央行开始效法美联储，很快各国的通胀都下降了。

几百年来技术一直在进步，但是从 20 世纪 80 年代开始，计算机和互联网的广泛应用开始改变经济的各个方面。信息革命导致美国乃至全世界生产力的提高和经济的增长，而且信息革命有望成为一场永久性的革命。

20 世纪 80 年代末，苏联解体，部分原因是信息革命使封闭的经济体和社会处于更加不利的地位，这就使得西方相互关联的自由市场和社会体系得以在世界大部分地区传播——这一过程就是所谓的全球化。一些实行指令性或计划经济的国家和社会对外开放了，并开始参与单一全球市场，给它们自身及整个体系都增添了活力。1979 年，有 75 个国家的年增长率至少在 4% 左右。2007 年，也就是在金融危机爆发前，这个数字升至 127。

这些趋势不仅摧毁了东方，而且还使西方受益。低通胀和信息革命使得西方经济体能够实现更快速的增长，全球化使充满廉价劳动力的庞大新兴市场打开了大门，使西方公司得以利用。结果是美国信心再起，全球经济扩张，而美国无可争议地在全球经济体系中处于核心地位。然而，一代人的时间过去了，苏联解体成为遥远的记忆，低通胀已成为常态，全球化的进一步推进和信息技术的新进展现在给西方带来很多机遇，同样也带来很多挑战。

譬如，美国工人就业和工资的压力越来越大。麦肯锡全球研究所2011年的研究报告发现，从20世纪40年代到1990年，美国的每次衰退和复苏都遵循着一个简单的模式。先是国内生产总值(GDP)恢复到衰退前的水平，6个月后，就业率也随之恢复到衰退之前的水平。但从那之后，这种模式被打破了。在20世纪90年代初的那次衰退后，就业率在GDP恢复了15个月后才回到衰退前的水平。在2001年的那场衰退中，就业率花了39个月才恢复到衰退前水平。在当前这次衰退中，就业率似乎将在GDP恢复60个月(也就是5年)后才会恢复到衰退前的水平。过去帮助刺激增长的那些趋势现在正在推动一种新的常态，即失业率增长，工资增长缓慢。

欧美或许重蹈日本覆辙

《美国还有救吗？》称，1975年三边委员会报告中美国那一部分的作者亨廷顿曾经说过，一个国家对衰落感到忧虑很重要，因为只有那样，它才会进行使预测无法应验所必要的变革。假如不是因为害怕苏联的人造地球卫星，美国就绝不会让科研机构行动起来，给航空航天局拨款，快速实现了登月计划。或许针对今天挑战的某种应对措施即将出台——也或许，华盛顿将能够全力以赴在未来几年通过影响深远的重大政策措施，使美国重新回到一条通往充满生气、无债务未来的顺畅道路上。但是，希望并不等于计划，而且必须指出的是，眼下这种结果似乎不大可能出现。

不采取这种举措并不意味着国家要遭厄运。自由民主资本主义显然是拥有灵活性与合法性从而在现代世界长期存在的唯一制度。如果说今后几十年有任何政权瓦解的话，它们将是实行指令性体制的政权。

对西方民主国家来说，危险不是死亡，而是僵化。它们所面临的艰巨挑战——预算压力、政治瘫痪、人口压力——表明经济增长会很慢，但并非即将崩溃。勉强渡过这场危机将意味着这些国家仍然富裕，但却缓慢地不断滑向世界的边缘。围绕如何分配一张更小馅饼的问题而争吵，可能会引发某种政治冲突和混乱，但会产生这样一种结果：大多数人对活力减少、不那么有趣且生产率下降的未来无可奈何地接受。

曾经有一个不能实行改革的发达工业化民主国家。它从主导全球经济变为 20 年里经济增长率疲软，平均增长率仅为 0.8%。虽然它的许多日益老龄化且受过良好教育的居民继续过着愉快的生活，但他们为后人留下了日益贫瘠的遗产。现在它的债务负担令人震惊，其人均收入已下降至世界排名第 24 位，而且还在下降。文章称，如果美国人和欧洲人不能齐心协力地行动起来，他们的未来将是显而易见的。

（2013 年 2 月 1 日《参考消息》）

没有发展，民主会被历史湮没

■ 斯特恩·雷根

　　"民主到底哪儿出错了？怎样才能拯救它？""影响美国政策的只有富人，与你我无关"，《经济学家》、《赫芬顿邮报》等欧美主流报纸杂志最近纷纷发表报道和评论，反思西方民主出现的问题。近年来，从非洲的埃及、东南亚的泰国到欧洲的乌克兰，这些移植了西方民主体制的国家纷纷陷入动荡不安，即使美欧等老牌"民主"国家也面临贫富差距迅速增大、金钱政治无所不在等问题，而美欧政府不但不能解决这些问题，反而因为党争不时出现政府关门的情况。牛津大学教授斯特恩·雷根近日在《华盛顿邮报》上撰写评论，由观察者网翻译发表。他认为政府治理体系效率低下与崩坏、搞不好发展，可能会让民主制度被历史湮灭，并质疑"美式民主是否正在走向灭绝"。此前，斯特恩曾就民主问题撰写过多篇文章，2013年他出版了新书《魔鬼之国：民主领导与服从问题》。日前，斯特恩教授在伦敦接受了记者专访。

民主在世界的传播已停止

环球时报： 在欢呼了"阿拉伯之春"后，近来西方许多媒体和学者却开始忧心起民主病。或像您在《华盛顿邮报》上所说的，美式民主会不会正在走向灭绝？您为什么会提出这样的看法？这跟最近的乌克兰事件以及之前埃及等情况有关系吗？

斯特恩： 是的，有一定联系。我们正处于非常不确定的民主运动时期。在过去 40 年里，民主在全世界范围内都做得非常好，但现在民主的传播已停止。从民主的角度来看，那场被称为"阿拉伯之春"的运动已全部失败。正如在历史中出现过多次的，民主现在具有很大的不确定性。西方民主国家正在失去自信，经历自我怀疑的痛苦。现在的问题是民主是否会像以前一样继续在全球蔓延。西方资本主义刚刚经历一场大的经济危机。许多迹象表明，民主世界的人们正在追问民主政府应对挑战的能力。中国的崛起也是重要原因。东西方以及中美之间存在明显的竞争。目前看来，似乎中国正在发展壮大，而西方民主国家对自己的前途充满不确定。

环球时报： 美国学者福山曾经称民主是人类社会终极形式。但在开罗和基辅，尽管人们迎来全民选举的时代，但民主却屡屡陷入崩溃的境地。实际上，这些民选出来的政府都是被非法推翻的。您怎么看这些国家的民主？

斯特恩： 尽管民主偶尔有破产的现象，这种情况非常少，但是成为民主国家却很难。我们在"阿拉伯之春"里已经领略到这一点。从民主的角度来看，所有这些起义和运动都没有成功。

在"阿拉伯之春"中，自下而上的抗议和选民都没有带来新的民主政权。可以说在那里崩溃的是一个喧闹的系统。可以说在世界的那个部分，新的民主制度并没有被引进。埃及曾经是独裁体制，所有阿拉伯国家都是专制体制，他们无法控制局面。起义并没有带来新的民主国家，埃及仍然是独裁体制，而利比亚则是一片混乱。

西方金钱政治太嚣张

环球时报：在美欧国家内部，一些学者和媒体把运作失灵等字眼与民主联系在一起，您对此如何看？

斯特恩：民主应该产生有效的政府，但现实中不是所有民主国家都能做好。我将民主政府分为两大类：一类政府虽不完美但相当不错；而另一类则是不能正常运行的政府，不能制定国家需要的决策和政策。

在民主国家，权利应该是平等的。在理想的情况下，每个人都拥有同样的权利，虽然实际中这永远不会发生。现实中，经济实力一直在与政治权利竞争。经济和政治力量之间应该有个平衡，政治权利的完整性不应被经济实力压倒。当下，政治权利的完整没有受到足够的重视和保护。我认为这就是民主运作失灵的原因。

环球时报：您曾在《华盛顿邮报》上写道，民主只有促进了发展，才能确保民主自身的发展，是这样吗？

斯特恩：政府必须执行足够的治理。政府必须调节经济，维护基础设施，提供良好公共服务，维护福利体系，它们必须这样做，不然就会面临失去民众支持的危险。如果政府不做它们所应该做的，它们就不会被民众信任。除非公民和政府之间有足够的信任，民主才能发挥作用。为了保持信任，政府官员必须进行足够的治理。

我们经历了非常严重的经济危机，直到现在经济增长仍然非常微弱。很显然，政府有责任为合理的经济增长创造条件。这显然是民主政府在最近几年里所没有做到的，它们的失败使得经济危机动摇了我们的经济。

环球时报： 谈到民主与经济发展的关系，不少学者认为，民主危机其中一个来源是这次金融危机：由于西方民主成为金钱决定的民主，因此当1%的富人弄出危及世界的金融危机，西方国家政府却掏纳税人的钱为他们纾困。您对此如何看？

斯特恩： 经济危机是一个根本性的问题。我们的世界很有可能发生严重的经济崩溃。一段时间以来，民主制度的维护并没有得到足够的重视。民主制度需要精心呵护，其基本原则需要得到尊重。以政治平等为例，我们不应该让政治上的平等被经济上的不平等削弱。

"有钱能使鬼推磨"，这句话现在比以往任何时候都更响亮。不仅美国政治如此，在许多国家，金钱的声音比任何时候都大，这是民主制度的一个大问题。你无法阻止金钱说话，但至少不能像现在这样嚣张。

由于我们经历了经济危机，必然有很多机构需要救助。但是在我看来，这一步走得太远，有些机构不应被纾困。我曾在《金融时报》上撰文称，皇家苏格兰银行就是不应该获得纾困的例子。政府把太多纳税人的钱花在了这上面，没有对这一过程进行合理控制。

环球时报： 最近美国最高法院要放开对政治捐款的限制，许多学者担忧，认为这样下去，不仅造成 1% 的富人，而且会造成 1% 的政治，美国近 30 年来的 9 次大选中有 7 次出现了布什家族或克林顿家族的候选人。您对此如何看？

斯特恩：美国最高法院的决定是大错特错的，因为它让金钱具有了更大的发言权。美国国会应该阻止最高法院做出这样的决定。至于克林顿和布什家族的问题，他们很有可能是不错的候选人，下届大选也很有可能是另一场克林顿与布什的对决。这看起来相当滑稽，这不是民主问题。

仅程序民主是不够的

环球时报：2014 年 3 月《经济学家》杂志封面文章认为，西方对民主的担忧，其中一个重要原因是中国打破了民主世界在经济发展方面的垄断。中国近 30 年来一直锐意改革，而美国似乎自民权运动后就很少有像样的变化。您认为民主是否也需要改革？

斯特恩：美国已维持强劲发展近 250 年，而中华人民共和国才 60 多年历史。因此，中国仍有 200 多年来证明自己。

民主确实需要不断地进行改革。这就是我所说的需要持续的精心呵护。民主从未完成，而且需要不断进行改革和改进，无论是在运行方式还是官员和民众的关系上都是如此。英美这些处于领导地位的国家缺乏足够的改革，也缺乏对民主原则进行足够的保护。

现阶段民主国家对自己没有足够的信心，对自己持怀疑态度。造成这一局面最重要的原因是经济危机，这场危机严重打击了西方资本主义。第二个原因是中国的崛起，中国成为了一个真正意义的挑战。这又回到了我们对民主的想法问题上，英国、美国对自己的民主机构没有足够的信心。它们采取的应对措施是抵御而不是改革。

这时候就需要强有力的领导，需要治理能力强的政府。在政府运行良好的国家，人们对政府的信心与日俱增，斯堪的纳维亚国家就是很好的例子。运转有效的政府往往会根据需要进行改革，进行合理治理，然后收获人们的信任。而在某些受经济危机影响最严重的国家，人们对政府的信心处于历史新低。因此，政府仅仅做到程序民主是不够的；如果交不出令人满意的政绩答卷，它们便将被历史湮没。

环球时报：西方有学者认为，中国模式——共产党的执政以及稳定的选贤任能机制——比"华盛顿共识"更能避免国家的发展陷入僵局。中国把自己的制度称为具有中国特色的民主，政府能够倾听民意，并且能迅速作出改革，这似乎比西方选举制度下更有效。您认为民主到底是不是多元的？中国这种具有中国特色的民主是一种尝试吗？

斯特恩：民主可以有多种不同的形式，在这一点上我们应该更开放。目前，一个不太受到重视的民主形式是间接选举——即公职人员由其他民选官员选出。这是中国能够创造的民主形式。理论上，中国可以通过以地方选举为基础，一层一层往上进行间接选举。这将是与中国庞大而复杂的现实所能兼容的一种模式。可以说，中国是有可能建立不同于西方民主的另一种民主制度。

（2014年5月4日《环球时报》）